高校体育理论教程

主 编 张 胜 等

北京体育大学出版社

策划编辑：王名真
责任编辑：姜艳艳
责任校对：杨 洋
版式设计：沈晓峰

图书在版编目（CIP）数据

高校体育理论教程 / 张胜等主编 . -- 北京 : 北京
体育大学出版社 , 2014.8（2023.8 重印）
ISBN 978-7-5644-1737-6

Ⅰ . ①高… Ⅱ . ①张… Ⅲ . ①体育理论－高等学校－
教材 Ⅳ . ① G80

中国版本图书馆 CIP 数据核字 (2014) 第 198949 号

免责声明

　　本书创作初衷是向大众提供有用的信息和知识。所有内容（包括但不限于文本、图形和图像）仅供参考及学习交流使用，不能用于对任何特定疾病症状的医疗诊断、建议或治疗。所有读者均不应参考本书所有内容作为诊断、治疗、预防、康复、使用医疗产品或其他产品的建议或意见。作者和出版社竭尽所能实现本书内容上的专业性、严谨性、合理性，且不特别推荐任何治疗方法、方案和相关内容。在此特别声明，对于因使用本出版物中的任何内容而造成的损伤及直接或间接产生的与个人或团体相关的一切责任、损失和风险，作者与出版社均不予承担。

高校体育理论教程
GAOXIAO TIYU LILUN JIAOCHENG
张 胜 等 主 编

出版发行：北京体育大学出版社
地　　址：北京市海淀区农大南路 1 号院 2 号楼 2 层办公 B-212
邮　　编：100084
网　　址：http://cbs.bsu.edu.cn
发 行 部：010-62989320
邮 购 部：北京体育大学出版社读者服务部 010-62989432
印　　刷：艺堂印刷（天津）有限公司
开　　本：710mm×1000mm　1/16
成品尺寸：170mm×228mm
印　　张：11
字　　数：215 千字
版　　次：2014 年 8 月第 1 版
印　　次：2023 年 8 月第 10 次印刷
定　　价：24.00 元

《高校体育理论教程》编委会

《高校体育理论教程》编委会

前　言

　　大学体育课程是学校课程体系的重要组成部分，是我国高等学校体育工作的中心环节。党的二十大报告中提出到二〇三五年，我国发展的总体目标就是"建成教育强国、科技强国、人才强国、文化强国、体育强国、健康中国，国家文化软实力显著增强"。为了更好地贯彻落实上述指示精神，我们依据《学校体育工作条例》《全国普通高等学校体育课程教学指导纲要》和《国家学生体质健康标准（2014年修订）》编写了本教材。

　　体育教学如何增强学生体质，体现以学生发展为本，是体育教师不断思考和探索的问题。本教材正是试图对这一问题进行回答。本书以提高大学生体质健康水平、提升大学生运动技能水平、健全大学生人格、培养大学生终身体育锻炼习惯和健康生活方式为目的，从体育基础理论知识出发，解答了当代大学生关心的健康和健身问题，从而激发大学生的体育锻炼兴趣。

　　本教材既可作为体育教师组织理论课讲授的参考用书，又可以作为当代大学生体育理论学习和终身从事体育锻炼的指导用书。概括起来，本教材具有以下特点。

1. 体系新颖

　　本教材与以往出版的同类教材相比，在体系上突出了身体健康、心理健康、社会适应和道德健康的"四维健康观"。在编写过程中，编者牢牢把握"健康第一"的理念，紧紧围绕体育锻炼与健康促进的关系进行研析，让当代大学生在学习过程中充分认识到体育锻炼的好处和从事终身体育锻炼的重要性。

2. 内容精练

本教材在强调"健康第一""以人为本"的同时，突出了体育的文化内涵，使人文体育深入人心，提高当代大学生的审美情趣和综合素质。本教材在内容编排上积极吸收了国内外最新的大学体育教材的研究成果，有选择地摒弃资料陈旧、烦冗的内容，使教材内容精练、实用。

3. 贴近生活

本教材注重理论联系实际，贴近当代大学生的生活实际，体现了当代大学生的身心特点，方便其自学，并努力使当代大学生学以致用。

本教材由湖北大学从事多年大学公共体育教学经验丰富、专业能力强的专家编写而成。湖北大学体育学院公共体育部主任张胜负责本书的设计，并进行统稿。

由于编写人员水平所限，本教材中若有不妥之处，恳请广大读者给予批评与指正，以便我们对本教材进行修订和完善。

目　录

第一章　体育概述 …………………………………………………………… 1
　　第一节　体育的概念 ………………………………………………… 1
　　第二节　体育的产生与发展 ………………………………………… 4
　　第三节　体育与人的身心发展 ……………………………………… 9
　　第四节　体育的功能 ………………………………………………… 13

第二章　高校体育概述 …………………………………………………… 18
　　第一节　高校体育的地位和作用 …………………………………… 18
　　第二节　高校体育的目的和任务 …………………………………… 23
　　第三节　高校体育的基本途径 ……………………………………… 25
　　第四节　高校体育对大学生的基本要求 …………………………… 29

第三章　健康与体质概述 ………………………………………………… 37
　　第一节　健康概述 …………………………………………………… 37
　　第二节　体质概述 …………………………………………………… 42
　　第三节　健康与体质的关系 ………………………………………… 45

第四章　膳食营养 ………………………………………………………… 47
　　第一节　认识营养素 ………………………………………………… 47
　　第二节　营养处方 …………………………………………………… 54

第五章　体育锻炼的身心效应 …………………………………………… 65
　　第一节　体育锻炼与身体活动 ……………………………………… 65
　　第二节　体育锻炼与身体健康 ……………………………………… 67
　　第三节　体育锻炼与心理健康 ……………………………………… 71

第六章　科学地进行体育锻炼 ·· **76**
　　第一节　发展运动能力的方法 ·· 76
　　第二节　体育锻炼的原则与安排 ·· 83
　　第三节　体育锻炼效果的生理评定 ·· 88
　　第四节　运动处方 ·· 90
　　第五节　体重控制与体育锻炼 ·· 96

第七章　体育锻炼的医务监督 ·· **100**
　　第一节　体育锻炼的自我监督 ·· 100
　　第二节　疲劳的判断和消除 ·· 102
　　第三节　运动损伤的预防和处理 ·· 104
　　第四节　运动性疾病的处理 ·· 107

第八章　现代奥林匹克运动 ·· **112**
　　第一节　奥林匹克基本知识 ·· 112
　　第二节　现代奥林匹克运动 ·· 115
　　第三节　奥林匹克运动与中国 ·· 119

第九章　学生体质健康测试 ·· **127**
　　第一节　《国家学生体质健康标准（2014 年修订）》简介 ··············· 127
　　第二节　学生体质健康测试方法 ·· 133

第十章　体育文化 ··· **137**
　　第一节　体育文化概述 ·· 137
　　第二节　中西方体育文化的比较 ·· 143
　　第三节　校园体育文化 ·· 147

第十一章　体育素养与体育欣赏 ·· **155**
　　第一节　体育素养 ·· 155
　　第二节　体育欣赏 ·· 160

参考文献 ··· **168**

第一章　体育概述

第一节　体育的概念

一、体育概念的历史演变

　　体育是一种特殊的社会实践活动，它是随着人类的产生、发展而逐步形成和发展的，有着悠久的历史，但"体育"这一名词却出现得较晚。在"体育"一词出现之前，世界各国对体育活动都有不同的名称，如古希腊用"体操"表示体育活动，我国古代用"养生""导引""武术"等来表示体育活动。

　　直到1760年，在法国一些报刊上发表的有关文章中出现了"体育"的字样，这是"体育"一词的首次出现。1762年，在卢梭编著的《爱弥尔》一书中，也使用了"体育"这一名词来描述身体教育过程。可见，"体育"一词最初是起源于"教育"一词，是指教育过程中的一个专门领域。

　　在我国，直到19世纪中叶德国体操和瑞典体操传入我国后，才设置了"体操科"。1902年，一些日本留学生引入了"体育"这一名词。经过一段"体操"和"体育"两个名词合用的时期，在1923年颁布的《中小学体育课程纲要草案》中，正式将"体操课"改为"体育课"，之后，"体育"这一名词才被广泛使用。

　　20世纪50年代，随着世界各国经济文化、科学技术的迅猛发展和人民生活水平的日益提高，体育也得到了很大的发展，并逐渐深入社会各个角落，成为人们日常生活中不可缺少的组成部分。体育的内容、形式以及它的影响和作用已远远超过原来作为身体教育的范畴。

　　概念是对某一事物本质认识的高度。而事物是不断变化的，人们对事物的认识也是逐步深入的，因此，概念不是一成不变的，而是随着事物和人们认识的发展而变化的。概念一般包括内涵和外延，内涵是概念本质属性的反映，外延是概念范围的指定。体育概念外延的不断扩大，标志着体育概念的发展变化过程。

二、体育的基本概念

　　当今世界上有许多专家学者对体育进行过定义，另外，在《教育科学辞典》《不列颠百科全书》《体育大辞典》中都对"体育"进行过定义。综上分析，可对"体育"这一概念做如下定义：体育是以身体活动为媒介，以谋求个体身心健康、全面发展为直接目的，并以培养完善的社会公民为终极目标的一种社会文化现象或教育过程。

> **知识窗**
>
> **体育课程**
>
> 　　体育课程是大学生以身体练习为主要手段，通过合理的体育教育和科学的体育锻炼过程，达到增强体质、增进健康和提高体育素养为主要目标的公共必修课程；是学校课程体系的重要组成部分；是高等学校体育工作的中心环节。体育课程是寓促进身心和谐发展、思想品德教育、文化科学教育、生活与体育技能教育于身体活动并有机结合的教育过程；是实施素质教育和培养全面发展的人才的重要途径。

三、体育的组成及其关系

　　体育主要是由学校体育、竞技体育和社会体育三个部分组成。

　　学校体育是指以学生为对象，通过身体活动，增强学生体质，促进学生全面发展，传授体育知识、技术、技能，培养道德和意志品质以及体育意识、兴趣、习惯和能力的有目的、有计划的教育过程。

竞技体育是指最大限度地挖掘和发挥人体在体力、技艺、心理、智力等方面的潜力，以提高运动技术水平和创造优异的运动成绩为目的的训练和竞赛活动。

社会体育是指以城乡居民为主要参加对象的，以丰富文化生活，提高社会适应能力，保持与增进健康为目的，以家庭、单位和社区为活动空间，以各种身体活动为内容而展开的组织灵活、形式多样的体育活动。

（一）三者的共同点

（1）三者都是以身体练习为基本手段，都是身体直接参与活动。

（2）三者都要求身体的全面发展，都能提高有机体的机能能力。

（3）三者都具有教育和教学的因素。

（4）三者在内容和手段上，有许多是共同的。

（二）三者的区别

学校体育、竞技体育和社会体育三者之间虽然具有一定的共性特点，但在主要目的、主要手段、实施场所和主要性质方面都具有不同点。（表1-1-1）

表1-1-1　体育组成部分间的区别

类别	主要目的	主要手段	实施场所	主要性质
学校体育	知识、技术、技能的传授和道德品质的培养	体育教学	各类学校	教育性
社会体育	休闲娱乐、强身健体	身体娱乐、身体锻炼	较广泛、灵活	业余性
竞技体育	提高运动水平，创造优异成绩及培养人类不断超越自我的竞争意识	运动训练竞赛	各类运动场	竞技性、专业性

3

第二节 体育的产生与发展

体育作为一种社会现象，是一种有目的、有意识的社会活动。这种社会现象是随着人类社会的产生和发展而出现和演进的。在人类社会漫长的历史中，体育运动也像其他事物一样，经历了一个由萌生到发展再到不断完善的过程，并与整个社会保持着密切联系。因此，研究体育的起源和发展，必须将其置于人类社会进化发展的过程之中。

一、体育的产生

人类社会任何事物的产生和发展，都是以社会需要为根本前提的。体育在人类社会中有着悠久的历史，考察它的产生要追溯到古代，因为那时人类已存在对体育的需要。世界上许多专家学者对体育起源问题进行过研究，也产生了不同的认识和观点。现将两种主要观点进行简要的介绍。

（一）生产劳动是产生体育的唯一源泉

持这种观点的学者认为：劳动是人类全部生活和活动的基础。体育是人类社会生活和活动的一部分，所以体育也应以劳动为基础，劳动是体育产生的唯一源泉。此外，卫生、教育等对体育的产生和发展也有促进作用。

（二）体育的产生是多源的

持这种观点的学者认为，体育的产生不是一源的，而是多源的。体育的产生来自人类社会的两种需要：一种是社会生产、生活的需要，另一种是人类的生理、心理活动的需要。

原始人类的主要身体活动：一是为了谋生而进行的身体活动，如狩猎、捕鱼、农耕等；二是为了防卫而进行的武力活动技能，如攻、防、格斗等；三是日常生活所必需的活动技能，如走、跑、跳、投、攀登等。这些都是为了满足人类生产和生活而进行的身体活动。此外，还有一些身体活动既不属于生产活动，又高于一般生活技能，如适应环境的需要，同疾病作斗争的需要，以及表达和抒发内心情感的需要等。据《路史·阴康氏》记载："阴康氏时，水渎不疏，江不行其源，阴凝而易闷，人既郁于内，腠里滞著而多重膇得所以利其关节者，乃制之以舞，教人引舞以利导之，是谓大舞。"上述史料所记载的是"消肿舞"的产生过程，这种身体活动不是产生于生产劳动之中，而是出于人们为了更好地适应环境、同疾病作斗争的生理需要。又据《毛诗序》中所记载的一段话："情动于中而形于言，言之不足故嗟叹之，嗟叹之不足故咏歌之，咏歌之不足，不知手之舞之，足之蹈之也。"这说明当人的情感达到某种程度时，需要有一种动作表达来代替语言和感叹，主要表现在以舞蹈和游戏为主的身体活动。例如，原始人为了表达狩猎成功后的喜悦、对自然的崇拜、对祖先的祭祀，以及抒发内心的情感而手舞足蹈。这些身体活动是为了抒发他们的欢乐之情，表达内心情感的心理需要。

综上所述，体育作为人类有目的、有意识的一种社会活动，它的产生来源于人类社会的两种需要：一是为了适应社会的需要（包括社会生产和生活的需要），二是为了适应人本身的需要（包括生理和心理需要）。

二、体育的发展

随着人类社会产生而萌发的体育，同样也随着社会的进步而发展完善，我们可将体育的发展分成萌芽时期的体育、形成独立形态的体育和渐成科学体系的体育三个阶段。

（一）萌芽时期的体育

原始社会是人类社会的初级阶段，也是体育的萌芽时期。原始人的生活条件非常严酷，思维很不发达，生产工具简陋，他们主要靠身体活动来获得食物，维持生存。严格地说，这些身体活动还不能称为体育活动，只能称为生活和劳动。原始社会的生产力十分低下，不可能有明确的社会分工。原始社会的体育与教育、军事、医疗卫生、娱乐等活动互相联系、互相促进，共同发展。在原始社会，教育主要是一些生产技能的传授，而这些生产技能多是体力劳动。因此，体育既是教育的主要内容，也是教育的重要手段。体育在这一时期的主要特征是平等性、非独立性和直接功利性。在原始社会极其艰苦的劳动中，体育的娱乐性和竞技性即使存在，也不是体育的主要特征，因此原始社会萌芽时期的体育更接近于一种生活技能教育。

（二）形成独立形态的体育

原始社会的瓦解是随着私有制的出现而开始的，而奴隶社会的产生给社会带来的一个重大变化就是产生了学校。只有这时，教育才有可能作为一种独立的社会现象，从生产劳动和社会生活的其他领域中分离出来。随着生产力的发展，剩余产品的逐渐增多，一方面为私有制的产生创造了条件；另一方面也为一部分人脱离生产劳动而专门从事教育和体育活动提供了可能。自从教育形成独立形态之后，体育始终是教育的重要内容，但这时的体育已不再是过去萌芽时期那种简单的为生存而进行的生活技能教育了。我国西周时期，实施礼、乐、射、御、书、数"六艺"教育，其中，射、御即以体育为主的教育内容。在古希腊，无论是斯巴达教育体系，还是雅典教育体系，体育都是其中的基本内容。3～6岁的儿童在国家委派的教导员指导下，进行游戏活动，7～12岁进入国立学校学习阅读、书写、计算、音乐和唱歌，13～16岁的少年进入体育学校从事专门的体育训练，17～20岁的青年进入青年军训团接受军事体操训练。另外，在欧洲中世纪，封建领主对其子弟实行骑士教育，内容主要是"骑士七技"，即骑马、游泳、投枪、击剑、行猎、下棋、吟诗，其中体育占了很大的比重。在体育逐渐形成独立形态的发展过程中，不仅与教育发展紧密相连，同时与军事、医学、艺术、娱乐等活动的发展有着密切关系。体育正是在与这些活动相互影响、相互作用的过程中才形成自身体系的独立形态。

（三）渐成科学体系的体育

随着资本主义产业革命的开始，机器大工业生产代替了手工作业，促进了生产力的发展和飞跃，为资本主义的兴起奠定了基础，而体育也正是在这一经济基础上，逐渐形成自身的科学体系。欧洲文艺复兴运动的代表之一，英国的哲学家、教育家洛克明确提出把教育分为体育、德育和智育三个部分，并强调指出

"健全的精神寓于健全的身体"，主张学校开设体育课程。启蒙运动的代表之一，法国的启蒙思想家、哲学家、教育家和文学家卢梭提出"体育乃是个人由童年到成年整个发展过程中的一部分"。正是由于上述主要原因，各国对体育都给予了高度重视，相继产生了德国体操、瑞典体操、英国的户外运动与竞技运动，并产生了一些体操家和一些理论著作，如被称为"德国体操之父"的古茨姆斯撰写了《青年人的体操》，被称为"社会体操之父"的杨氏撰写了《德国体操》，瑞典的体操家林德福尔摩斯撰写了《体操的一般原理》。这些实践和理论以后逐渐传到欧、亚、美各洲，至此已逐渐形成科学体系的体育。德国体操、瑞典体操、英国的户外运动与竞技运动被称为现代体育的"三大基石"。

三、现代体育的发展趋势

对现代体育发展趋势进行探讨，有助于从总体上认识体育的特点及其规律，进而认清体育的本质，以便更好地从事和开展体育活动。

（一）体育将进一步国际化

先进的情报系统和全球性通信网络的建立，使世界的空间相对缩小，高科技的交通，使万里之遥朝发夕至。整个世界的物质越来越丰富，使不同种族和不同民族的人们更加热衷于具有和平意义和公平竞争的体育活动，体育国际化的趋势更为明显。近年来，国际体育竞赛种类的不断增加、赛事的频繁、规模的壮大、国际性体育学术研讨会的频繁举办，以及国际奥林匹克委员会会员国的不断增加等，都证明了这一点。

（二）体育将进一步社会化、大众化

一方面，随着人们物质生活条件的提高，余暇的增多，"自我完善"意识的增强，越来越多的人将意识到体育在日常生活中的重要性，将导致体育人口的增多；另一方面，社会的进步将提供丰富的运动场地和运动器材，为体育活动的拓展和延伸提供更为广阔的前景和优良的环境，体育活动将遍及社会的各个角落，体育将会无处不在。

（三）体育将进一步科学化

新的科学技术和理论为体育的科学化提供了更大可能性。场地设备的更新和教学方法的改进，将提高体育教学效率。新型健身器材的发明和使用会使体育锻炼更加有效。一些科学理论的新发现，如运动人体科学、心理学等新的研究成果，为体育的科学化提供重要的理论依据。

（四）体育手段和内容将更加多样化

社会生活和科学发展的多维性以及体育活动场所、体育组织和团体的普遍性，必将导致体育手段和内容的多样化，而这些多样化也正符合人们的观念、生活方式和兴趣爱好等多样化的发展趋势。体育手段和内容将更加多样化，主要表现在奥林匹克运动会的正式比赛项目和表演项目日趋增多，体育教学内容和手段更加先进，身体锻炼和娱乐活动的形式和内容越来越丰富多彩。

（五）体育将进一步终身化

在体育将社会化、大众化中，体育不仅会"无处不在"，而且还将会"无时不有"。

思政园地

20世纪60年代，著名的教育家保罗·郎格郎提出了终身教育理论，他强调教育和训练的过程不应随着学校学习的结束而终止，应贯穿于生命的全过程。党的二十大报告指出："推进教育数字化，建设全民终身学习的学习型社会、学习型大国。"体育是教育不可分割的组成部分，终身教育中理所当然包含着终身体育。终身体育是指一个人终身进行身体锻炼和接受体育指导及教育，即从出生开始至生命终结全过程进行完整的学校体育和锻炼的过程。

第三节　体育与人的身心发展

一、影响人的身心发展的基本要素

人的发展包括身体和心理两方面的发展，是以一定的遗传素质为前提，以一定的心理发展为基础，并在一定的社会生活条件和教育影响下发展起来的。影响人的身心发展的基本要素有遗传、社会生活条件、学校教育等。

（一）遗传是人身心发展的必要的物质前提

"种瓜得瓜，种豆得豆"是人们在长期的社会实践中普遍知晓的遗传现象。直到 20 世纪 40 年代，科学家才探清这一奥秘，决定遗传的主要物质是脱氧核糖核酸，即 DNA。首先应承认人的遗传素质是有差异的，这种差异不仅表现在身体形态方面，也表现在神经类型方面，但遗传素质不是决定人发展的唯一因素。"遗传决定论"者只看到遗传这一方面因素，而忽视了影响人的发展的其他因素，我们只能说遗传素质为日后的成才提供了一个物质前提。

（二）社会生活条件对人的身心发展起决定性的影响作用

先天的遗传素质能否得到适时发展，以及向什么方向发展，这不是遗传本身所决定的，而是由社会生活条件来决定的。每个人都生活在一定的社会关系中，必然要和周围的人发生各种交往，不同的社会制度，不同的政治、经济基础以及周围人的生活方式、习惯和思想、行为等，必将对他产生潜移默化的影响。同卵双生子一般来说在遗传上具有较多的相同点，但如果放在不同的生活条件中，可以发展成为两个完全不同的生理特征和心理特征的个体。因此，社会生活条件决定着人的发展方向、发展水平和个体间的差异。

9

（三）学校教育对人的身心发展具有重要作用

学校教育是根据一定的社会需要，按照一定的目的，选择适当的内容，有计划、有目的、系统地向学生进行各种科学文化知识教育和思想品德教育，从而给学生以全面、系统、深刻的影响，对人的身心发展起着重要作用。

二、体育对人身心发展的作用

（一）促进大脑清醒、思维敏捷

大脑虽然只占人体总重量的 2%，但它的需氧量却达到人体总需氧量的 20%。脑力劳动的主要特点是呼吸表浅，血液循环慢，新陈代谢低下。如果长时间用脑，就会感到头昏脑涨，这是由于大脑供血不足和缺氧所致，这时很有必要改善大脑的供血不足和缺氧状况，保持大脑的工作能力。有人则采用体育锻炼这种积极性的休息方式。这种积极性的休息方式，也就是运动生理学上所说的"同时负诱导现象"，即大脑是由很多中枢神经构成的。如果某一中枢神经兴奋，就会使其他的中枢神经受到抑制，从而获得休息。

另外，随着年龄的增长，脑细胞会逐渐衰亡，大脑功能逐渐下降，致使大脑变得迟钝，但长期从事体育运动的人可以减缓脑细胞的衰老过程。

（二）促进血液循环，改善心脏功能

人体所需的氧气和养料都是通过血液运送到全身，而血液的运输是以心脏为动力，通过心脏的连续搏动而进行的。经常从事体育运动的人的心脏比一般人要大（表 1-3-1）。

表 1-3-1　经常运动者与不运动者的心脏大小比较

	横径（厘米）	宽径（厘米）	纵径（厘米）
少年运动员	12.16	9.64	13.29
一般少年	11.56	9.04	12.57

由表 1-3-1 可以看到，经常从事体育运动的人的心脏要大于一般人的心脏，

10

主要表现如下：心肌增厚，心容量变大，收缩有力，每搏输出量增多，心率降低，这样心肌的休息时间增多，大大减轻了心脏的负担，使心脏工作出现功能节省化的现象。

（三）改善呼吸系统功能

不经常从事体育运动的人，在剧烈运动时常常会感到气喘、胸闷、胸痛、呼吸困难等，主要由于通过呼吸系统摄入的氧气量不能满足体内的需氧量。经常从事体育运动，能使呼吸肌发达、参加工作的肺泡数量增加、肺泡的弹性增强，因而能加深呼吸深度，使肺活量加大，从而使单位时间摄入的氧气量增多，满足机体运动时的生理需要，提高呼吸系统功能。

（四）促进骨骼肌肉的生长发育

体育运动能促进骨骼的生长发育。骨包括骨松质和骨密质。运动能使骨松质排列有序，使骨密质增厚，提高骨的抗弯、抗压、抗折能力。优秀运动员股骨的纵向压力能达到 450 千克，而一般人的股骨纵向压力只能达到 300 千克。另外，体育锻炼能促进肌纤维变粗，使肌肉收缩有力。

（五）调节心理

从事体育运动能使人心情舒畅，精神愉快，调节人们的情绪和心理。心理学家发现，跑步能减缓学生在考试期间的忧虑情绪。另外，人们还发现，有紧张烦躁情绪的人，只要散步 15 分钟，紧张情绪就会松弛下来。

（六）提高人体对外界环境的适应能力

体育运动能提供许多人体处于非正常状态下的身体姿势，如倒立、悬垂、滚翻等，提高人体的适应能力，使人善于应对各种复杂多变的环境。同时，体育运动经常在严寒、酷暑、高山、高空、水下等条件下进行，可以提高有机体对外界环境的适应能力。

（七）增强机体的免疫能力

经常运动可增加白细胞的数量，并使其活性增强，增强机体免疫能力，提高有机体对疾病的抵抗能力。

三、体育要适应人的身心发展规律

科学的体育运动能促进人体的发展，不遵守科学性，盲目蛮干，不仅不能增强体质，而且还容易造成身体损伤，因此，从事体育运动必须要适应人的身心发展规律。

（一）体育要适应人身心发展的统一性规律

人的发展包括生理和心理两个方面的发展。人的生理发展包括有机体的正常生长发育和体质的增强；人的心理发展包括感觉、知觉、注意、记忆、思维、想象、情感、意志和个性等方面的发展。人是身心发展的有机统一体，离开了生理的发展，特别是大脑的生理发展，就不可能有人的心理发展；同时，人的心理发展也必然影响生理的健康发展。因此，体育教育工作者，必须注意学生身心发展的统一性这一规律，在体育教学中要使他们身心得到全面发展，培养德智体美劳全面发展的人。

（二）体育要适应人身心发展的顺序性、阶段性规律

人的身心发展是一个有顺序、连续不断的发展过程。在生理方面，如骨骼肌肉的发展，先发展大骨骼、大肌肉群，随后才发展小骨骼、小肌肉群，神经系统的发展是先快后慢等；在心理方面，总是由具体思维发展到抽象思维，从机械记忆发展到意义记忆等。人的身心发展的这一顺序不可逆转，也不能跳跃。另外，人的身心发展又具有阶段性。一定年龄阶段的人具有某些共同的生理、心理发展特征。不同年龄阶段的人具有不同的身心发展特点。因此，体育工作者就必须从教育对象的实际出发，针对不同年龄的教育对象，提出不同的任务，采用不同的教学内容和方法。例如，儿童少年期，各器官、系统主要表现为生长，因此，对这一年龄阶段的人进行体育教学，要注意身体的全面锻炼，负荷强度不宜过大，练习次数不宜过多，运动时间不宜过长，教学内容应生动活泼、多样化，教学方法应采用直观的示范教学为主；青壮年时期，有机体处于比较稳定的状态，各器官、系统生长发育基本完成，是一生中生命力最旺盛的时期，在体育教学中可加大运动强度，增加练习次数，延长练习时间；中老年时期，机体功能缓慢衰退，因此，在这一阶段，负荷强度要小，减少对抗性运动，使运动的娱乐性、健身性

增强。同时，应循序渐进地对锻炼者提出合理的要求，在已有的基础上，促进他们的身心发展，以达到更高的水平。

（三）体育要适应人身心发展的不均衡性和个体差异性规律

在人的身心发展过程中，由于遗传、环境、教育和自身主观能动性的不同，人的身心发展存在着不均衡性和个体差异性。由于身心发展的不均衡性，体育工作者应根据教育对象在其一时期内某一素质发展的敏感期内发展该项素质，从而使该项身体素质得到明显提高。由于身心发展存在着个体差异，即使对同一年级的学生采用相同的运动量，也会有人感到运动量大了，有人感到运动量小了。体育工作者应重视每个人的个体差异，进行分组教学，区别对待，因材施教，使学生的运动负荷能够达到不同个体的生理适宜范围。

第四节　体育的功能

体育功能是指体育以其自身的特点作用于人和社会所能产生的影响和效益。随着社会的进步，生产的发展，人类需要层次的提高，特别是近年来体育科学的发展，使得体育自身的特征以及它与其他各种社会现象之间的关系不断被揭示出来，体育功能也在不断地被认识、被开发。对体育功能的研究可以使我们进一步加深对体育的理解，进一步认识体育对社会发展、人民生活的重要价值，从而更有效、更自觉地发挥体育的功能。

体育的功能取决于体育本身的特点和社会需要。体育如果不具备自身固有的特点，就不可能产生任何功能，同时体育如果没有社会需要的刺激，同样不能显示出它的社会功能。随着社会的发展和人们对体育功能认识的进一步深入和提高，体育的功能将会越来越多地被发现、被挖掘。

13

一、健身功能

从机械学的角度来看，人体是以骨骼为"框架"，以韧带为"绞链"，并以附着在骨骼上的肌肉为"动力"，进行各种各样的运动。体育是通过身体运动的方式进行的，它要求人体直接参与活动，因而体育运动能够增进健康、增强体质、改善身体机能水平等，这是体育的本质特点之一。这一特点决定了体育具有健身功能。体育运动的健身功能已经得到了科学的证明，但体育并不是万能的，并不是促进健康的唯一因素，必须与其他因素相互配合，才能培养出更加完美、更加适应现代社会需要的人。

二、娱乐功能

随着现代化的长足发展，社会余暇越来越多，如何善度余暇已成为一个社会性的问题。丰富多彩、健康文明的余暇生活不仅使人们在繁忙的工作之后，获得积极性休息，而且还可以陶冶情操、美化生活。体育运动是人们余暇生活的一个重要组成部分。现代文明社会在时间、财力、场地等方面为人们从事身体娱乐活动提供了越来越充裕的条件。以身体活动为主要媒介的娱乐活动较其他的娱乐活动还具有"双重功效"，适度的身体娱乐活动既能强身健体，又能赏心悦目。

三、教育功能

教育功能是体育最基本的社会功能之一。从原始社会出现体育的萌芽时期起，体育就一直作为教育的手段之一流传下来。现代体育教育已不仅注重促进生长发育、增强学生体质、掌握运动技能，而且更加注重培养终身体育的兴趣和习惯，改善生活方式，提高生活质量，以适应现代社会发展的需要。体育的教育功能也不仅局限于学校体育。在竞技体育中，运动员在激烈的竞争中，在同伴与同伴之间、对手与同伴之间、观众与运动员之间也会产生极其复杂的情感交流，可以激发人们的荣誉感、责任心、集体观念、民族意识和奋发向上的进取精神。这种通过体育实践被启发出来的社会情感的教育因素，使体育的社会影响变得更加深刻，会产生不可低估的社会教育作用。社会体育在完善身体机能、改善身心健康、促进人际交往、磨炼意志等方面都含有教育作用。因此，学校体育、竞技体育和社会体育无不显示出体育的教育功能。

四、外交媒介功能

体育就像一种超越了世界和社会障碍的国际语言，它可以促进各国人民之间的了解和友谊，加强国与国之间的文化交流和团结。例如，1971年的第31届世界乒乓球锦标赛，促成了美国尼克松总统来华访问，中美建交，在我国对外关系史上开创了新的一页。

> **知识窗**
>
> ### "乒乓外交"
>
> "乒乓外交"指1971年期间中国与美国两国乒乓球队互访的一系列事件。乒乓外交实际上推动了20世纪70年代中美两国外交的恢复。中美两国乒乓球队互访轰动了国际社会，成为举世瞩目的重大事件，被媒体称为"乒乓外交"。从此，中美两国结束了20多年来人员交往隔绝的局面，使中美外交取得历史性突破。1972年2月21日，美国总统尼克松访华，中美关系终于走向了正常化的道路。

五、促进团结功能

体育运动有一种内聚力，可以加强一个团体的向心力，促进团结。一个学校的运动会，可以加强班级学生间的团结；全国少数民族运动会，不仅可以促进各民族的文化交流，相互了解，还可以增进各民族的自豪感和对本民族文化传统的理解。在我国促进国家统一方面，体育也曾以它独特的功能起到积极的作用。体育运动是联系全国各民族的纽带，是沟通各人民团体之间关系的桥梁，是促进国家统一的催化剂。

六、经济功能

在我国改革开放的今天，体育运动的经济功能已经被越来越多的人所认识、理解和接受。在市场经济社会，体育作为第三产业，向社会提供服务和产品。在当今国际上，一些经济发达的国家非常注意发挥体育的经济功能，追求体育的经济效益。体育运动的经济效益主要体现在以下几个方面。

（一）在大型体育比赛中获取收入

1. 出售体育比赛的电视转播权

世界体育大赛的实况转播，目前已成为最吸引人也是收费最高的项目。1984年，美国ABC公司以2.25亿美元的价格购买了洛杉矶奥运会的电视转播权。2019年，美国职业篮球联赛（NBA）电视转播权收入约为30亿美元。

2. 发行纪念币

如今在大型的国际体育比赛中都会发行纪念币。纪念币一般由黄金、白金和银制成，具有珍贵的收藏意义，必要时又有流通价值，因此受到收藏家和体育爱好者的欢迎。

3. 出售门票收入

精彩的体育赛事是当今最吸引人关注的社会文化活动之一。深受群众欢迎的体育赛事门票收入也是很可观的。

4. 收取广告费

体育广告是以动态或静态为表象，以广泛的体育形式展现品牌的效应。这种表现在大型运动会上被广大知名厂家广泛应用在电视、网络等宣传媒体中，以知名体育运动员为代言或者以各种广为人知的表现形式来突出表现某种商品的应用价值，这在很大程度上促进了体育的发展，以及人们对体育精神的追求和对体育用品的欣赏。

（二）在日常体育活动中增加收入

1. 提高体育设施的利用率

据资料统计，我国大中城市市区的体育设施利用率都非常高，每天大约使用

15 小时，安排得非常紧凑。由于提高了使用率，即使收费很低，总收入也是很可观的。

2. 经常举办热门项目比赛

根据观众的需要和兴趣，经常组织一些热门的体育比赛活动，也是提高上座率、增加收入的措施之一。

3. 举办娱乐体育比赛和活动

从目前来看，人们更多是需要通过体育来舒缓现代社会生活带来的紧张的精神压力，因此，身体娱乐活动深受欢迎。举办各种身体娱乐比赛和活动是群众的需要，也是增加体育经济收入的途径之一。

4. 发展体育相关产业

以多种途径谋求体育经济收入，发挥体育经济效益的途径，如发展体育旅游、谋求体育赞助、发售体育邮票和开设体育咨询等。

思考题

1. 简述体育及竞技体育、学校体育、社会体育、体育功能的概念。
2. 体育的组成部分之间有何区别与联系？
3. 现代体育的发展趋势如何？
4. 体育对人的身心发展有哪些作用？
5. 体育应遵循人的身心发展的哪些规律？

第二章　高校体育概述

第一节　高校体育的地位和作用

一、高校体育的地位

　　高校担负着培养适应当代社会需要的高级专门人才的历史重任。社会不断地变迁和发展，对人才的要求也随之发生变化。现代社会对人才的要求可以归纳为健壮的体魄、高超的智能、良好的心理因素、良好的职业交往和协作精神。

　　健壮的体魄体现为体质良好、体能全面、生长发育良好、有连续工作的能力和较快的恢复能力。

　　随着信息时代的到来，现代社会对人的智能要求有了更为深刻的变化，除了要人具有扎实的基础知识和精深的专业知识之外，还要求有学习能力、创新能力、分析能力、动手能力。科学发展朝着分化和综合两个方向发展。一方面，专业越分越细；另一方面，协同攻关要求越来越高。在知识经济的时代，不会学习，知识就难以更新，就会落伍。

　　现代社会对人的心理素质提出了更高的要求，随着社会的高速发展，人与人之间越来越需要交往，并加强协作。社会除了要求大学生精力充沛、奋发向上、思维敏捷、情绪良好外，还要有追求之志、好奇之心、探险之勇、求实之诚、专注之境，要有百折不挠的精神，经得起失败和挫折的心理承受力。

高尚的道德情操内涵十分丰富。作为一个社会人，人生态度、社会公德、职业道德、协作精神是最基本的做人要求。其中尤以职业道德和协作精神为重，是人们取得成功的必备的思想品质。

（一）高校体育是全面发展教育的有机组成部分

全面发展教育是指为促进受教育者的全面发展而实施的德育、智育、体育等多方面的教育。高校体育是全面发展教育的重要组成部分。

高校体育在全面发展教育中的地位，是由高校体育的功能与社会发展对大学体育的要求所决定的。高校体育既是学校教育的重要内容，也是学校教育的手段。毛泽东1917年在《体育之研究》中写道："体育一道，配德育与智育，而德智皆寄于体，无体是无德智也。"1950年，毛泽东提出了"健康第一"的指示。1957年，他在《关于正确处理人民内部矛盾的问题》一文中，又明确指出，"我们的教育方针，应该使受教育者在德育、智育、体育几个方面都得到发展，成为有社会主义觉悟的，有文化的劳动者。"在全国教育大会上，习近平指出，"要树立健康第一的教育理念，开齐开足体育课，帮助学生在体育锻炼中享受乐趣、增强体质、健全人格、锤炼意志。"这些论述都阐明了体育在全面发展教育中的重要地位。

（二）高校体育是丰富现代人类社会生活的重要内容

19

随着现代社会生产力的高度发展，生产效率大大提高，国民收入逐渐增加，物质生活日益丰富，劳动缩短，余暇增多，人们的文化需求也不断增强，而体育是需求的重要内容。1978年，联合国教科文组织在巴黎召开的会议上提出："确信保持和发展个人的身体、心智和道德力量能在本国和国际范围内提高生活质量。"从中可知，体育已成为人类社会生活的重要内容，其在文化、社交、生活节奏、社群认同、美育生活、心理建设以至民族凝聚力等领域，都具有重要的意义和作用。科技的发达、生产力和生活设施的日益自动化，客观上促进着人们的体育需要，主观上促进着人们对回归自然的向往。这种状况，促使体育运动的意义更加突出。参与体育运动，从中得到娱乐，接受熏陶、教育和锻炼。体育已成为现代人不可或缺的教育内容。

高校体育是学生接受体育教育的最后阶段，是人生体育的中间环节，具有承前启后的作用。大学时代受到良好的体育指导和培养，特别是对体育的本质与价值有积极和正确的认识，将会对其享受运动的权利意识、对运动快乐的体验有重要的意义，能使学生成为主动从事体育运动的实践者。大学生精力旺盛，需要各种有益身心健康的文体活动来满足其爱好与需求。

（三）高校体育参与了校园文化，成为建设校园精神文明的积极因素

高校体育是校园文化的重要组成部分。在我国大学生的余暇活动中，体育占有重要的地位。体育的健身性和娱乐性吸引着越来越多的大学生。经常参加余暇体育活动的大学生约为学生总数的 43.7%。高校体育已成为建设校园精神文明的积极因素。这是由体育本身的特点决定的。体育的特点是在身体活动中进行教育。由于各种活动大多具有高速度、大幅度、竞争性等特点，学生就必须要求自己吃苦耐劳、勇敢顽强、相互配合、奋发图强。再加上体育教师有目的、有意识地启发，可以使学生形成乐于奉献的人生价值观、乐观主义的人生态度。

高校体育对美育也有促进作用。它以丰富的内容和独特的形式，培养学生正确的审美观。体育锻炼可以使学生练出健美的体型，使学生懂得什么是动作美、心灵美、仪表美，提高其鉴赏美、分析美、创造美的能力。

（四）高校体育是国民体育的重要组成部分

高校体育是国民体育的重要组成部分。搞好高校体育不仅是高校教育的需要，也是我国体育事业发展的需要。中共中央《关于进一步发展体育运动的通知》中指出："重点抓好学校体育，把学校体育作为体育事业的战略重点。"

首先，学校体育对增强民族体质、提高国民素质有深远的意义。一个民族的素质主要包括身体素质、文化素质、心理素质和品德素质。民族体质的强弱，关系到国力的强弱和民族的兴衰。学生是祖国的未来。青少年学生这一代身体强壮了，就能使我国人民的体质一代胜过一代，从而逐步提高中华民族的体质水平。

其次，学校体育对发现和培养体育后备人才、提高运动技术水平具有重要意义。青少年儿童是我国人口的重要组成部分。学校体育的发展程度，实际上已成为我国群众体育普及水平的重要标志。同时，学生时代受到良好的体育教育，毕业后可以成为社会体育骨干和社会体育指导员，推动我国社会体育的发展，更好地实施全民健身计划。

二、高校体育的作用

教育部指出："教育是培养和输送人才的摇篮，也是提高中华民族科学文化素质，向现代化建设提供人力资源支持的奠基工程。"面向新世纪，我国社会主义经济体制的建立和现代化建设的推进，对劳动者和专门人才素质的要求将迅速提高。我国要在 21 世纪激烈地国际竞争中处于主动地位，就必须重视人才综合素质的培养。这样的人才不仅要有坚定的社会主义信念，良好的思想道德素质，能掌握和运用现代科学知识，还必须拥有强健的体魄和良好的心理素质，这样才有坚实的基础和实力参与激烈的竞争，才能为祖国的现代化建设贡献自己最大的力量。

（一）高校体育对学生的个性发展有重要的作用

学生在体育活动中往往伴随着复杂的心理活动，表现出鲜明的个性特征。学生在体育活动中必须克服很多困难和障碍，而且始终要面对对手，面对胜利或失败，为此，就要求他们具有自我控制能力，具有不畏强手、知难而进的坚强意志以及敢于斗争、敢于胜利的自信心，需要协作和相互配合的品质和作风。因此说，体育活动是一个很好的学习和培养学生公正、自我控制、勇敢、坚强、忠实和协作等个性品质的手段和方法。公正是自由与平等的汇合点。体育包含和体现了这两个道德观念和准则。体育包含自由，是因为每个人可以自由选择他需要参加的体育项目；体育包含平等，是因为凡是选择参加该项运动者，不言而喻地必须遵守所有参加者都必须服从的规则规定。他们具有道德上的义务去服从规则，进而执行规则的基本精神和原则——公正。体育通过其特有的方式，可以对人的个性发展产生影响和作用。

（二）高校体育教育有利于智能的发展

人类的大脑分为左右两个半球，左右两个半球具有不同的生理功能。左半球主要从事逻辑思维，是依靠语言为主的分析、判断和抽象概括中枢；右半球能理解简单的语言，主要负责直觉、空间转换、形成感知等形象思维功能，与人的创造力密切相关，是艺术和经验学习中枢。这一研究结果为大脑两半球的深入研究开辟了一条道路，为控制大脑智能提供了解剖学、生理学依据。

人们在体育活动时，视觉、听觉、平衡觉、本体感觉等多个感官均参与工作，各种感觉信息不断传入大脑皮质的各个中枢，从而活化、刺激了大脑细胞；同时，体育活动还可以提高人体的血液循环机能，改善大脑的供氧量。通过体育活动，有利于提高人的形象思维、创造力和想象力。研究结果表明，优秀运动员的右脑功能明显高于一般人。因此，体育活动是开发人类右脑功能的有效而重要的手段。

（三）高校体育是培养学生终身体育意识和能力的关键时期

大学阶段是学生形成较成熟的思想、意识的重要阶段。高校体育教育是学生终身体育兴趣、意识、习惯和能力形成的关键时期。所谓终身体育，是指人们在一生中所进行的身体锻炼和所受到的各种体育教育的总和。体育教育使学生了解和掌握体育与健康的基本知识与技能；使学生明确什么是健康、文明的生活方式，如何进行科学锻炼身体等知识；培养学生的体育意识和健身意识，树立正确的体育价值观，从而提高对体育活动的兴趣。毕业以后，大学生能自觉根据自己所处的不同年龄阶段的身心特点与健康状况，根据工作与职业特点选择或重新学习体育锻炼的内容，独立从事科学的身体锻炼，以满足个体身心健康的需要，使体育成为日常生活的重要组成部分，养成良好的生活方式，达到具有科学的体育素养的人。

（四）高校体育能够增强学生体质，提高其身心健康水平

在高校体育教学过程中，学生通过科学有序的体育锻炼，可以逐步改善自己的生理机能，提高身体素质，使身体形态、机能、心理健康水平等得到全面、均衡的协调发展。高校体育把身体的强健和心理的健康发展紧密地结合起来，从而使学生在一种体育行为的磨砺和体育精神的陶冶中渐渐形成强健的体格、旺盛的精力和积极进取的精神，实现大学生人格的升华。

第二节　高校体育的目的和任务

一、高校体育的目的

　　高校体育是高校教育的重要组成部分，其教育目的自然应与高校教育总目标保持高度一致，即为总目标服务，为培养新世纪所需要的合格师资服务。高校体育又是学校体育的重要组成部分，它应该充分体现学校体育的属性，即要以运动和身体练习为基本手段，增强体质，增进身心健康，促进大学生的全面发展。综合来讲，高校体育的目的是以运动和身体练习为基本手段，对大学生身心进行科学的培养，在提高人的生理潜能和心理潜能的过程中，达到身心健康，成为社会主义建设的合格人才。

> **知识窗**
>
> 　　高校体育的主要目的是激发学生的运动激情，使学生在运动参与的过程中获得满足，为终身健康生活打下良好的基础。学生在学校可以通过体育课、课外体育活动、各种体育竞赛活动，尽量丰富自己的体育知识，逐步培养自己的体育意识、体育习惯和各种体育能力，使身心得到全面发展。

二、高校体育的任务

　　高校体育的目的是通过完成以下几方面的任务来实现的。

（一）增强学生体质，增进学生健康

增强学生体质的具体含义如下：① 促进大学生身体的全面发展；② 塑造健美的体格与体型，形成正确的身体姿势和姿态；③ 全面发展大学生的身体素质，提高生理机能水平；④ 增强适应环境与抵抗疾病的体力。通过大学的体育教育，使学生获得强健的体魄，为终生健康奠定坚实基础，为未来的学习和工作创造良好条件。

（二）传授体育知识、技术与技能

大学生具有知识基础扎实、求知欲强、分析与理解问题能力强的特点，因此，大学阶段是学生形成正确体育观念与认识的关键期。高校体育应充分认识和利用大学生的智力优势，加强体育理论教学。通过系统的体育理论知识传授，使学生掌握体育与健康方面的知识，全面提高高校学生的体育文化素养。这不仅有利于高校学生树立正确的体育认识，促进他们主动积极地参与体育锻炼，成为终身体育的参与者。高校体育在加强大学生体育理论教育的同时，也要注重体育技术、技能的传授，使学生掌握体育技术与技能，养成从事体育运动的兴趣和体育锻炼的习惯，从而为终身体育奠定基础。总之，依据高校特点和终身体育的需要，高校体育应当特别重视高校学生体育能力的培养，如科学健身能力、体育锻炼效果自测和自评能力、体育教育能力、组织体育活动的能力、体育欣赏能力等。

（三）进行思想品德教育，促进学生全面发展

习近平在全国教育工作会议上指出，要把立德树人作为教育工作的主线，融入思想道德教育、文化知识教育、社会实践教育各环节。《中共中央国务院关于深化教育改革全面推进素质教育的决定》中特别强调，"要重视德育，寓德育于各学科教学之中，诸方面教育相互渗透，协调发展，促进学生全面发展和健康成长"。这是党和国家对学校教育提出的任务与要求。德育不仅是德育学科的工作任务，也是各学科的工作任务，德育渗透在各学科之中。学校体育具有丰富的思想品德教育因素。体育教育应充分利用体育教育的自身特点，寓思想品德教育于体育活动之中。要教育学生提高社会责任感，树立群体意识，培养学生热爱集体、遵纪守法、团结合作、勇敢顽强、拼搏进取、创新开拓、艰苦奋斗等思想

品德和良好的体育道德。同时还要注重培养学生鉴赏美、表现美、创造美的情感和能力，陶冶学生美的情操，塑造学生良好的个性品德，促进学生的个性全面发展，使学生能适应社会发展的需要。

（四）发展学生运动才能，提高学生运动技术水平

学校是培养人才的基地，应在普及的基础上，对部分运动基础较好并有一定专项运动才能的学生，进行课余专项运动训练，进一步增强他们的运动素质，提高运动技术水平。高校在师资、器材、设施和多学科交叉方面都具有一定的优势，而且大学生本身在心理、生理特征和体力、智力方面也具有优势，因此，把部分有运动天赋和运动才能的大学生培养成为高水平的运动员是可能的。多出人才，出好人才，这其中也包括出优秀体育人才。高校体育应该能够为竞技体育培养优秀人才。

当今的世界纪录和世界冠军都是多学科成果的结晶，对运动员体力和智力水平都提出愈来愈高的要求。很多世界级水平的运动员都是大学生。培养高水平的运动员是时代赋予高校的新使命。

第三节　高校体育的基本途径

25

高校体育通过多种多样的具体途径实现其教育目标。

一、体育课程

体育课程是我国高等学校教学计划的重要组成部分，被视为高校体育的中心环节，也是高校体育教育最基本的组织形式。它为确保高校体育的目的和任务的圆满实现提供了具体途径。

1949年以来，我国高校均设置了体育课程。国务院颁发的《学校体育工作条例》明确规定："普通高等学校的一、二年级必须开设体育课程……对三年级以上学生（包括研究生）开设体育选修课程。"这一法规为加强高校体育课程建

设提供了人、财、物、时间、信息等方面的重要保证，有力地推动了我国的高校体育课程建设。

体育课程这种特殊的组织形式，可以使学生逐步树立正确的体育观念，了解体育的基本知识，掌握锻炼身体的基本技术，形成较强的体育意识，增强自身体育能力，培养自觉坚持参加身体锻炼兴趣和习惯，接受潜移默化的良好品德教育，增强审美和创造美的能力，深刻领会体育教育与成才的内在联系，以生存、发展、享受等不同层次的需要去理解体育给自身和国家、民族带来的好处，学以致用，勇于实践，充分理解体育课程目标与高校体育目的与任务的一致性，把握参与体育课程学习的良好动机，努力完成体育课程的各项任务，自觉地使体育与运动进入自己的生活，为成才和奉献打下坚实的物质基础。

二、课余体育

高等学校的课余体育活动是体育课程的延续和补充，是高校体育教育过程中不可分割的环节，它为实现高校体育的目的和任务提供了重要途径。课外体育是学校体育的基本形式，其目的在于增强学生体质，培养学生自觉锻炼身体的习惯，同时可以陶冶情操，丰富学生文化生活，发展学生个性，对于完成课堂教学任务具有十分重要的积极作用。

我国各个高等学校都十分重视根据本校实际状况和传统特点，因人、因时、因地制宜地开展多种多样的课余体育活动。这对巩固体育课程的教学效果、增强学生体质、提高文化学习质量、丰富校园文化生活、增强集体凝聚力等方面都起到了良好的促进作用。我国已进入新的历史发展时期，国家颁布了《体育法》和《全民健身计划（2021—2025 年）》，对学校体育都提出了明确要求，开展丰富多彩、形式多样的课外体育活动，是贯彻落实《体育法》和《全民健身计划（2021—2025 年）》的具体表现。因此，许多高校都十分重视开展课余体育活动，课余体育在内容与形式上均有较大突破，并取得了令人满意的实效。

（一）清晨运动

早操应视为每天从事有效脑力劳动的准备活动，它可以消除抑制，兴奋神经，加强条件反射，活泼生理机能，促进机体体能以良好的状态开始一天的学习生活。许多高校都以多样化的内容与形式满足大学生们的个体需要：轻音乐相伴的健身跑、新推广的集体广播操、健身气功、武术、太极拳、健美操以及各种身体素质的锻炼等，定点辅导、分班召集、个人活动相结合，有统一要求，也有相当的自由度，实效性很好。早操的时间不宜过长，以 15 ～ 20 分钟为宜；运动量以中等强度为宜；贵在持之以恒，坚持不懈地参与。许多高校把加强早操与抓好校风、学风建设紧密联系起来，实为具有远见卓识之举，理当效法。

（二）课间运动

课间操是一种积极而有效的休息方式。文化课程中止后，在教室周围进行 3 ～ 5 分钟的轻微运动，适时转移大脑的优势兴奋中枢，可为下一堂课注入更充沛的精力。因为大脑皮质各神经中枢对人体活动是有分工的，有主管脑力活动的神经中枢，有主管体力活动的神经中枢。根据兴奋与抑制过程相互诱导的规律，运动时主管体力活动的神经中枢高度兴奋，加快了对主管脑力活动神经中枢的抑制，使之得到休息。运动后，主管脑力活动的神经中枢动能得到恢复，从而有助于提高学生的学习效率。实践研究也证明，课间操的确有益于消除大脑疲劳，提高智力活动效率。因而，坚持做课间操，无论对于增强学生体质，还是对于学生提高文化课学习质量，都是有益之举。

（三）课后运动

课后运动是大学生结束一天课程之后有目的、有计划、有组织地进行运动和身体练习的具体实践。许多高校的课后运动已形成内容丰富、形式多样的可喜局面：以教学班为单位的课外辅导；以达到《国家学生体质健康标准（2014 年修订）》为目的的体质锻炼；以学生单项运动协会为中心举办小型多样的运动竞赛；通过各种体育俱乐部组织的各种健身活动；学生自发组织的各种体育兴趣锻炼小组，如健美操锻炼小组、太极拳练习小组等。各种各样的体育活动吸引了大学生的参与和观赏。增强体质、增进健康、丰富知识、陶冶情操、拓宽视野、完善人生，全都在这龙腾虎跃、充满朝气的情境之中得以实现。

（四）睡前活动

睡前活动是不少有良好习惯的大学生们的和缓运动。每天睡觉 1 小时前，用 10 分钟左右的时间到空气清新的室外散步、练练操、打打拳等。轻微、和缓、短暂的运动对于缓解脑神经的兴奋和消除肌肉的紧张十分有利，对于提高睡眠质量和第二天的学习无疑会起到积极作用。

（五）全校性的运动会和体育竞赛

一年一度的校田径运动会是各高校体育工作最重要的部分。田径运动会参加的人数较多、规模较大、组织工作较为复杂，对校园的精神文明建设产生的影响也最为明显。举办田径运动会，就是给全校师生提供一个展示精神风貌的舞台。参与者在竞赛中积极进取，顽强拼搏，团结协作，严守规则，文明礼貌，尊重裁判……不仅是对自身人格的锻炼，同时也能感染教育他人。每次成功的学校运动会，都将给学校带来新的活力。

除了田径运动会，许多高校还举办各种球类竞赛和其他形式的运动竞赛。这些竞赛的举行不仅促进了师生积极参与体育锻炼，提高了他们的运动技术水平，而且丰富了校园文化生活，促进了校园的精神文明建设。

（六）课余运动训练

大学生课余运动训练是利用课余时间，对部分身体素质较好并有某项运动专长的学生进行系统训练的一种专门教学过程。它是高校体育的一种主要组织形式，也是认真贯彻执行普及和提高相结合的重要措施。它还肩负着提高运动技术水平、促进高校体育运动蓬勃开展的艰巨任务。

我国各高校在广泛开展群众性体育活动的基础上，都成立了本校师生共同喜爱的运动队，并对其进行科学系统的课余训练。不少高校都取得了令人瞩目的良好效果。

大学生课余运动训练有着目标的双重性、对象的广泛性、时间的课余性、运动项目的专门性与训练手段的科学性相结合等特点。

大学课余训练的内容包括体能训练、技术训练、战术训练、心理训练等方面。大学课余训练的方法包含持续训练法、重复训练法、间歇训练法、交换训练法、游戏和比赛训练法等。现代运动训练对放松训练、生物反馈训练也应加以重视。

（七）野外活动

野外是指山、河、湖、海、草原、天空等自然环境。野外活动就是指在上述自然环境中开展的各种活动的总称，它是由活动环境、活动主题、活动内容构成的。野外活动内容主要可分为陆域、水域、空域。根据活动的范围可分为陆上运动、水上运动、冰雪运动、空中运动。按活动的性质还可分为竞技性活动、健身娱乐活动、教育活动。国内外的实践和研究表明，野外活动具有陶冶情操、强身健身、消除疲劳等效能，深受青少年和广大人民群众喜爱，并具有其他运动所不能替代的作用。其活动特点决定了它对青少年的教育意义，因而已成为学校体育内容和终身体育不可缺少的部分。把推广野外活动列入我国学校体育之中，使之在促进社会主义精神文明建设，培养青少年爱国主义、集体主义，以及在提高整个国民素质等方面发挥积极作用。

第四节　高校体育对大学生的基本要求

一、树立正确的体育意识

随着现代科学文化的迅速发展，体育在现代社会中的地位和作用越来越被人们所重视，体育的作用和影响远远超出了文化和教育的范畴，具有广泛的社会学意义和心理学意义。体育意识是一种复杂的社会现象。体育意识作为人们对这一社会现象的反映，也是丰富的。我们可将体育意识表述为人们对体育及其重要性的认识，以及由此产生的思想观念、心理活动的总和。大学生的体育意识是指大学生对体育的认识和理解，主要包括理解体育运动的意义和作用，具有参与体育活动的欲望和要求等。

体育锻炼意识是引导学生正确认识体育锻炼，指导学生参与体育活动的理论和思想基础。能否树立正确的体育意识，是制约大学生能否参加体育锻炼和终身体育的关键要素。毛泽东在《体育之研究》指出："欲图体育之效，非动其主观，促其对于体育之自觉不可。"深刻领悟体育运动的功能作用，从思想上真正把握了体育的意义，才能积极自觉地参与体育锻炼。实践表明，能坚持经常性参与体

29

育锻炼的人往往都具有正确的体育意识。当然，每个人的体育意识不是天生的，而是通过感知到思维的形式和过程培养出来的。普通大学生体育意识的形成和发展，受生理、生活、环境、学习、文化素质、职业以及社会诸因素的影响。大学生体育意识的形成与变化，直接作用于他们的体育参与态度和程度。当代大学生应具正确的体育意识，这是高校体育对大学生的最基本要求。

（一）体育意识的特点

一是对体育现象具有依赖性。存在决定意识。多姿多彩的体育实践的存在，决定了内涵丰富的体育意识的产生和升华。二是体育意识的相对独立性。这里主要指体育意识有它自身的相对发展规律，主要表现为以下几个方面：体育意识发展的历史继承性；体育意识的发展与体育存在的不平衡性，体育意识落后于客观体育存在和超越客观体育存在的现象都是实际存在的；体育意识的能动性。

（二）体育意识的作用

大学生知识基础扎实，理解能力和接受能力强，是形成体育意识的最佳期。因此，教师要充分认识到大学生的特点，把握学生在校的有利时机，在加强学生体育锻炼的同时，加强体育意识方面的教育，培养学生终身相关联的两方面的能动作用。

一是体育意识对体育存在的反应不应该停在同一水平上，有滞后，也有超越；二是体育意识的能动作用主要表现在它对体育实践的主动调节和支配上。正确地反映体育客观存在及其发展规律的体育意识，可以指导和推动人们的体育实践，并产生相应的良好效益；错误的体育意识会把体育实践引向歧途。

（三）增强体育意识的途径

高校要充分利用大众传播媒介提高大学生的体育意识。当今世界众多的传播媒介把人们带入了多姿多彩的体育世界，促使人们去经历复杂多变的情感体验。许多大学生在满足了高尚的精神享受之后，在认识上就会登上一个新台阶，立即会产生跃身实践、显示身手的直接动机，从而极为深刻地影响自身的体育实践活动，"我要锻炼"的意识和行为相应而生。媒体的宣传对大学生积极参与体育具有感染、激励作用。电视、广播、报刊等媒介传播的体育信息，可以开阔学生的视野，丰富学生的体育知识，让更多的大学生认识体育，理解体育，热爱体育，参与体育，媒体的宣传作用是显而易见的。

　　鼓励、组织学生参与丰富多彩的体育实践。参与体育实践是培养提高大学生体育意识的重要措施，是体育意识提高的具体体现，同时也是增强学生体质的重要手段。经常参与体育实践，有助于基本技能的掌握，有助于更好地参与体育实践，二者相辅相成，互相促进，为终身体育打下坚实的基础。配合《全民健身计划（2021—2025 年）》，组织大学生参加各种体育活动和运动竞赛，还可以娱乐身心、丰富生活，使学生充分体验体育的艰辛与快乐，感受体育的乐趣，从而增强体育意识。

　　增强体育意识有助于大学生热心关注体育运动，努力探索体育世界的真谛。我们必须明确，个人所能达到的层次，既受认识规律的影响，更受每一位大学生认识能力、兴趣、动机、需要、态度、情感和思想观念等诸多因素的制约。因此，大学体育教育不仅要传授技术，而且要利用大学生的智力优势，鼓励引导学生去探索体育。通过体育教育提高学生的认识能力，培养学生的体育兴趣、体育动机、对体育的积极态度和热爱体育的情感。

　　在现代社会中，体育与商品经济和社会化大生产之间存在着极为密切的联系。体育中的竞争意识、参与意识、合作意识、奋斗意识、拼搏意识、创新意识、自强意识、交往意识以及健美意识等，都是与商品经济所需要的各种意识息息相关的。从这个意义上讲，增强体育意识已远远超过了增强体质、增进健康的范畴。

二、提高体育能力

　　能力通常是指人在从事某种活动中表现出来的本领。体育能力即指人在从事体育活动中表现出来的本领。掌握体育理论知识、技术与技能，是提高体育能力的基本前提。因此，大学体育必须强化体育知识、技术、技能的传授，决不能削弱和取消。学生全面系统地掌握体育的知识、技术、技能，能形成与发展较为全面的体育能力。

（一）人的基本活动能力

　　走、跑、跳跃、投掷、悬垂、支撑、爬越和涉水等基本活动能力，既是人的相应个性心理特征的反映，又是人随意运动技能的具体表现。它直接影响着人的活动效率与顺利完成活动的程度。基本活动能力强的人，其实际活动效率相应较高，顺利完成活动的程度较好；基本活动能力弱的人，其实际活动效率相应较低，顺利完成活动的程度相应较差；基本活动能力有缺陷的人，其相应实际活动必有障碍——或没有效率或根本不能完成。由于诸多因素的影响，我国青少年的体质健康水平有待提高，这一现象应该引起全社会的高度重视。

（二）体育认识能力

对体育的认识水平、认识程度、认识能力是制约大学生体育意识形成的关键要求。大学生能深刻认识体育的功能作用，即体育与国家、体育与时代精神、体育与个人事业、体育与生活学习的密切关系，就能积极投入到体育活动之中。增强大学生体育意识，应从提高大学生体育认识能力入手。大学生知识全面、扎实，智力优势明显，具备了提高认识能力的可能与条件。大学生应充分认识到这点，认真学习体育科学知识，提高其认识能力。

（三）体育运动能力

体育运动能力是体育能力的核心部分。具有良好体育运动能力的人，一般对体育运动具有良好的情感体验和自信，并掌握了运动的方法和技巧，形成了相对稳定的习惯甚至爱好，这对终身体育参与是十分有益的。有的大学生在大学期间掌握了某项运动技能，并形成了对该项目的运动兴趣，在课余时间又能经常性坚持该项目的练习，那么，这个运动项目可能会成为他终身参与体育所采用的一种锻炼身体的方法。因此，培养学生体育的一技之长，发展学生体育能力，是终身体育的需要。

（四）制订锻炼计划的能力

科学地进行体育锻炼需要有计划。计划是对锻炼内容、时间、方法、运动负荷诸方面的安排。制订锻炼计划的能力体现在对锻炼计划中各项具体内容的合理安排上。从事终身体育锻炼，以求体育锻炼实效，需要大学生具备制订锻炼计划的能力。

（五）体育教育能力

很多高校学生毕业以后会选择教师作为自己的职业，而其中的大多数还要担任班主任工作。开展班级的体育活动是班主任的工作责任，如何开展好班级体育活动，需要班主任针对青少年学生的思想特点，做好教育引导工作。由于受应试教育片面追求升学率的影响，中学生普遍存在着对体育活动重视不够，缺乏正确的体育意识，缺乏体育兴趣等问题。为此，班主任要做耐心细致的说服教育工作，使学生正确认识理解体育，树立体育锻炼的动机与兴趣，这是学生参与体育的前提与保证。因此，高师学生应具备体育教育能力。

（六）组织体育锻炼的能力

对于一名大学生，未来工作不仅需要自己积极参与体育，保持强健体魄，而且有责任义务组织他人科学进行体育锻炼。因此，组织体育锻炼的能力是高校学生应具备的体育能力。

（七）自我评价能力

在体育锻炼中，及时、准确地进行自我检查和自我评价，是锻炼者必须掌握的操作技能，也是体育锻炼能力培养中不可忽视的一项非常重要的内容。通过检查和评价，能了解锻炼的效果，激发锻炼的自觉性和积极性，并能提供锻炼者自身体质变化的信息，便于进行自我监督，合理安排体育锻炼的内容、方法、负荷等，从而使以后的锻炼获得更好的效果。因此，自我评价能力是科学体育锻炼应具备的能力。

（八）体育欣赏能力

体育运动已为越来越多的人所欣赏。据统计，全世界每年参与体育欣赏活动的人数几乎达到世界人口的半数。如何进行体育欣赏？了解掌握较为丰富的体育知识、运动技战术，熟悉和懂得比赛规律则和裁判方法，能达到观赏目的，取得良好的观赏效果。不断提高自己的欣赏水平、欣赏能力，能充分发挥体育欣赏在改善人类社会生活中的积极作用。

三、培养体育兴趣、爱好和习惯

（一）体育兴趣是人们积极探究体育活动的认识倾向

人们总是对自己有兴趣的事物进行积极的探究，并常常带有主观情绪和向往的心情。人们对体育的兴趣大多是从对多姿多彩的运动竞赛、运动游戏、身体练习和运动场馆设施的关注开始的。通过对体育诸多的具体内容、方法、手段、设施等的关注和向往，人们的认识活动逐渐集中地指向了与体育有关的事物。

对体育的兴趣，首先是在人们对体育需要的基础上产生和发展的，因为需要的对象即是兴趣的对象。同时我们还必须明白，在较低级的需要基础上产生的兴趣是暂时的。只有建立在文化和精神需要基础上的兴趣才是持久的。在需要得到满足后又会产生更加浓厚的兴趣。高文化层次的大学生理应将自己对体育的兴趣建立在高级需要的基础上。

（二）体育爱好是从事体育活动的倾向

当人们对体育的兴趣进一步发展为从事体育活动的倾向时，就发展成了对体育运动的爱好。爱好总是与活动紧密联系在一起的。有的大学生只有观赏体育的兴趣，没有积极从事体育活动的爱好，这样就难以使体育运动真正成为自己生活的一部分，就很难养成体育运动的良好习惯。

（三）体育习惯是从事终身体育活动稳定的行为特征

体育习惯是人们经过长期体育实践巩固下来的从事体育活动的行为特征。体育习惯的养成，有赖于体育意识和兴趣的培养，以及持之以恒的意志努力，并有一个从不自觉到自觉、不习惯到习惯的逐步养成的过程。体育习惯一经养成，体育活动就成为人们日常生活中不可缺少的重要内容。

（四）正确对待体育的兴趣、爱好和习惯

首先，从教育的角度出发对待兴趣。学生有兴趣的要发扬，学生无兴趣、但有价值的，那就应该加以引导。其次，学生参加体育锻炼的兴趣、爱好与习惯，不仅是一般的体育教育过程，而且更要强调这是一个比单纯运动技术传授更为艰巨复杂的教育、培养过程。要使学生形成体育兴趣、爱好、习惯，就必须要实现理论与实践相结合、课内与课外相结合、校内与校外相相合。必须通过多途径、多方式进行体育教育，使学生真正认识到培养体育兴趣、爱好、习惯与终身体育和终生健康密切相关。从终身体育视角来观察学校体育，它给我们的启迪是培养兴趣、发展爱好、形成习惯。因此，培养学生体育兴趣、爱好和习惯是学校体育教育重要的目标，也是对大学生最重要的要求。

体育的兴趣、爱好、习惯是相互联系、相互促进的。实践证明，对体育运动

的观赏和参与，高校有目的、有计划的体育教育，会帮助学生把对体育的兴趣发展成为对体育的爱好，之后就会成为他们认识和从事体育活动的强大动力，极大提高大学生从事体育活动的主动积极性。养成良好的体育习惯，使大学生轻松愉快地体验体育运动的无穷乐趣和促进身心发展的诸多功能，其收益更是久远的。

四、塑造强健的体魄

增强体质，增进健康，努力塑造强健体魄，这应视为大学接受体育教育的直接目标或首要任务。它既受高校体育本质功能的制约，又充分反映了现代社会对提高人类自身素质的现实需要，自然也是新世纪对合格人才的基本要求。

（一）大学阶段是塑造强健体魄的关键时期

大学生正处在青春后期和青年期，同化作用和异化作用基本平衡，生长发育日趋稳定，生理机能和适应能力发展到较高水平。这一阶段是性发育成熟、生命活动最旺盛、身心健康加速发展的关键期。在此关键时期，必须十分重视通过科学的身体锻炼过程来促进和完成自身正常生长发育，全面发展身体形态、机能，努力提高身体素质和基本活动能力，增加对疾病的抵抗力和对环境的适应能力，谋求塑造强健的体魄。

（二）主动积极接受体育教育

高等学校体育教育过程主要是在教师的指导下，大学生主动积极地学习和掌握体育与运动的基本知识、基本技术、基本技能的过程，以促进大学生获得参与运动实践的本领和掌握身体锻炼的科学方法。这是一个参与运动、掌握技术、发展智力、增强体力的综合过程。树立正确的体育意识，提高体育的基本能力，培养体育兴趣和习惯，塑造强健体魄，将会在潜移默化的高校体育教育中，通过教师的引导和学生自身的主动陶冶而实现。

五、塑造健全的人格

毛泽东在《体育之研究》中就精辟地阐述了体育特征："体育之效，至于强筋骨，因而调感情，因而强意志。筋骨者，吾人之身；知识、感情、意志、吾人

之心。身习皆适，是谓俱泰。故夫体育非也，养乎吾身，乐乎吾心而已。"现代
奥林匹克运动创始人顾拜旦认为："体育运动不仅锻炼一个人体魄，它同心理的
关系与其他生理关系一样，能够影响人的悟心、性格和良心，因而，它是一服社
会、道德的改良剂。"体育是将体格、品德、性格加以磨炼并有机地融为一体的
教育手段。体育具有全面育人、塑造健全人格的特征。通过体育教育不但强健了
大学生的体格，而且也健全了大学生的人格。教师向学生介绍我国体育健儿、优
秀教练员爱国敬业、无私奉献、顽强拼搏、为国争光的典型事迹，能激发大学生
的爱国主义热情，帮助大学生树立正确的世界观、人生观、价值观。通过各种多
样的球类活动和运动竞赛，可培养大学生的团队精神、拼搏精神等良好品格。通
过田径、体操等运动，又可以培养大学生勇敢果断、坚韧顽强、奋发进取、吃苦
耐劳的优秀品质。体育教学内容丰富，途径多样，方式众多，具备了塑造大学生
人格的诸多优势条件。大学生应积极投入到丰富多彩的体育活动之中，在体育活
动中强健体魄，完善人格。

思政园地

　　党的二十大报告指出："教育是国之大计、党之大计。培养什么人、怎样
培养人、为谁培养人是教育的根本问题。"学校体育是教育的重要组成部分，
对培养人才有着重要的作用。建成体育强国，是党的十九届五中全会提出的
到 2035 年基本实现社会主义现代化的远景目标之一。从体育大国到体育强
国，是新时代赋予中国体育事业的新定位和新使命，要以大体育观推进体育
教育事业发展。青年兴则国兴，青年强则国强。大学阶段不仅是培养专业技
能的黄金时段，更是塑造青年精神气质最重要的阶段，大学生的体育和实践
是实施健康中国战略的关键环节。

思考题

1. 试述高校体育的地位和作用。
2. 简述高校体育的目的和任务。
3. 高校体育活动的基本途径有哪些？
4. 高校体育对大学生的基本要求有哪些？

第三章　健康与体质概述

第一节　健康概述

一、健康

（一）健康的定义

健康的概念随着人类对客观世界认识的不断深化而改变。过去由于受到传统观念、世俗文化，以及科学技术发展的制约，人们对健康的认识单纯理解为"无病、无伤和无残"或"健康是机体的一种动态平衡状态"等，并将"没有疾病"作为衡量健康的唯一标准。这些观点都不能准确地反映健康的本质和全部内容。

1948年，世界卫生组织在《组织法》中明确了健康的定义："健康不仅为疾病或羸弱之消除，而系体格、精神与社会之完全健康状态。"人们对健康的评价不仅基于医学生物学范畴，而且扩大到心理学和社会学领域。世界卫生组织在《阿拉木图宣言》中指出：健康是基本人权，达到尽可能的健康水平是世界范围内一项重要的社会性目标，反映出"社会发展以人为本，人的发展以健康为本"的理念。1989年，有学者又一次深化了健康的概念，认为健康包括躯体健康、心理健康、社会适应良好和道德健康。这种新的健康观念使医学模式从单一的生物医学模式演变为生物–心理–社会医学模式。这个现代健康概念中的心理健康和社会性健康是对生物医学模式下的健康的有力补充和发展，它既考虑到人的自然属性，又考虑到人的社会属性，从而摆脱了人们对健康的片面认识。

（二）健康的评价指标

根据健康的概念，要制订普遍适用的健康指标是比较困难的。例如，服兵役的健康检查标准和新生入学、运动员选材的健康标准是不同的，他们有一般要求和特殊要求。即使是制订一般健康指标的标准也是困难的，如心率、血压、肺活量等，年龄、性别、地域、种族的差异，很难用一个具体指标去衡量。一般地说，人体的健康标准也只是起参考作用。

世界卫生组织提出的健康的十条标准如下。

（1）有足够的精力，能从容不迫地应付日常生活和工作压力而不感到紧张。

（2）处世乐观，态度积极，乐于承担责任。

（3）善于休息，睡眠好。

（4）应变能力强，能适应外界环境的各种变化。

（5）能抵抗一般性感冒和传染病。

（6）体重得当，身体均匀，站立时头、肩、臀位协调。

（7）眼睛明亮，反应敏锐，眼睑不发炎。

（8）头发有光泽，无头屑。

（9）牙齿清洁，无龋齿，无病态，色泽正常，牙龈无出血症状。

（10）肌肉、皮肤富有弹性。

思政园地

党的二十大报告提出："推进健康中国建设。人民健康是民族昌盛和国家强盛的重要标志。把保障人民健康放在优先发展的战略位置，完善人民健康促进政策。"体育的健身功能正是建设"健康中国"的有力手段。

知识窗

健康的"四大基石"

　　世界卫生组织指出：健康长寿的影响指数中，遗传占15%，社会占10%，医疗占8%，气候占7%，自我保健占60%。由此可见，人们自己的生活思想和保健行为对自己的健康是很重要的。人类面临的健康危机，主要不是由内因——遗传因素导致的，而是由外因——生活方式造成的，而外因是可以调控的。我们可以通过养成科学的生活方式来预防疾病，确保自己处于健康状态。

　　基于此，世界卫生组织提出了健康"四大基石"的概念：第一，合理膳食；第二，适量运动；第三，戒烟限酒；第四，心理平衡。世界卫生组织指出，做到这四点，便可解决70%的健康行为问题，使平均寿命延长10年以上。

二、亚健康

　　自从人类步入现代文明社会以来，社会竞争压力、环境因素（噪声、污染等）的急剧改变，不良个人行为和生活方式（吸烟、酗酒和久坐行为）的出现，以及许多慢性退行性疾病的挑战，都会促使个体产生身体、心理和精神方面的功能障碍，并由此造成机体始终处于一种不良的状态中。世界卫生组织指出：21世纪威胁人类健康的"头号杀手"就是"生活方式病"，即所谓的"亚健康"。目前，关于亚健康还缺乏统一的认识，普遍认为身体虚弱就是亚健康，表现为身体活动能力下降，时感疲劳、失眠、心情压抑及社交障碍等。改善亚健康状态最积极有效的手段就是改变个体不良行为，倡导健康生活方式。其中，积极参加体育锻炼就是提高生活质量最有效的手段之一。

知识窗

亚健康的表现和症状

（1）心病不安，惊悸少眠：主要表现为心慌气短，胸闷憋气，心烦意乱，惶惶无措，夜寐不安，多梦纷纭。

（2）汗出津津，经常感冒：经常自汗、盗汗、出虚汗，自己稍不注意就感冒，怕冷。

（3）舌赤苔垢，口苦便燥：舌尖发红，舌苔厚腻，口苦、咽干，大便干燥、小便短赤等。

（4）面色有滞，目围灰暗：面色无华，憔悴；双目周围，特别是眼下灰暗发青。

（5）四肢发胀，目下卧蚕：有些中老年妇女，晨起或劳累后足踝及小腿肿胀，下眼皮肿胀、下垂。

（6）指甲成象，变化异常：中医认为，人体躯干四肢、脏腑经络、气血体能信息层叠融会在指甲成象上，称为甲象。例如，指甲出现卷如葱管、相似蒜头、剥如竹笋、枯似鱼鳞、曲类鹰爪、塌同瘪螺、月痕不齐、峰突凹残、甲面白点等，均为甲象异常，疾病或在脏腑、或累及经络、营卫阻滞。

（7）潮前胸胀，乳生结节：妇女在月经到来前两三天，四肢发胀、胸部胀满、胸胁串痛，妇科检查时，乳房常有硬结。

（8）口吐黏物，呃逆胀满：常有胸腹胀满、大便黏滞不畅、肛门湿热之感，食生冷干硬食物常感胃部不适，口中黏滞不爽，吐之为快。重时，晨起非吐不可，进行性加重。

（9）体温异常，倦怠无力：下午体温常常为37～38℃，手心热、口干、全身倦怠无力，应到医院检查是否有结核病等。

（10）视力模糊，头胀头疼：平时视力正常，突感视力下降（非眼镜度数不适），且伴有目胀、头疼，此时千万不可大意，应及时到医院检查是否有颅内占位性病变。

三、理想健康

人人渴望健康、追求健康已经成为时代发展的必然趋势。世界卫生组织倡导的多元健康观已经将健康的内涵大大拓展，突破了传统健康模式和医学范畴。健康是人类拥有的最基本权利，也是人类体现其社会价值最重要的标志。因此，学者们为进一步强化健康的本质和彻底改变传统健康评估体系，提出了一个促进健康的终极目标——理想健康或健全健康。

理想健康是指个体致力于维持健康状态，并充分发挥自己的最大潜力，以达到"身心合一"的整体完美状态。理想健康提出的目的就是强调人们要想获得健康的终极目标，除了要摆脱疾病的威胁以外，还要积极地改善自身的社会、心理、教育、运动和营养状态，使其真正获得生理、心理、社会和道德四维健康，并享有完美的生活。因此，理想健康包含许多层面的内容，与其说丰富了健康的本质，不如说强调了获得健康的途径。

四、影响健康的因素

研究证实，个体和群体的健康是伴随生存时间的延续而逐渐变化的。一个人从出生到死亡，都会表现出起伏不定的健康曲线，而影响这一过程的主要因素为先天的遗传因素和后天的环境因素。

（一）遗传

遗传是决定或限制健康表现的直接原因。许多人健康与否就是由各自的遗传潜力决定的。然而，遗传对健康的制约作用到底有多大，目前无法推断。不过，遗传常会引起许多疾病，如血友病、色盲和其他家族遗传疾病等。

（二）环境

环境因素可在不同程度上影响遗传所赋予的健康潜力的发挥，并最终决定健康程度。保持良好的精神状态和积极参加体育锻炼会对健康产生非常有益的影响。但是，许多环境却对健康产生负面影响，如长期处于污染的环境里，造成许多致病微生物（病毒、细菌和病原体）直接侵入人体，引发各种不可预知的疾病（如"非典"）。

现代社会发展带给人们许多无法回避的问题。工作条件改善，使越来越多的人习惯于久坐的工作，导致运动严重不足；吸烟、酗酒等不良嗜好，以及过分控制饮食、忽视健康教育等都是严重制约健康的主要因素。个人生活方式和态度是造成个体健康状态显著下降的主要因素。因此，要获得理想健康，主要挑战在于如何改善个体生活行为和方式，促进生活质量的提高，这样才能降低健康危险因子，最终实现整体的完美。

第二节 体质概述

体质是人类生命过程中独有的属性，是个体一切生物学特征的总和。《黄帝内经》对体质和养生有过论述，只有经常保持阴阳平衡才能保持正常体质，而且还阐述了体质与自然、先天和后天因素的相互关系。西方国家对体质研究也有较长的历史。在《希波克拉底文集》中，作者提出了"体液学说"。1970年，戴蒙（Damon）从不同角度对体质进行了论述，指出体质对不同研究者有不同的含义：对临床而言，它意味着病人的生物学个体特征；对流行病学家而言，它是疾病过程中的宿主因素；对免疫学家而言，它是机体内各组织的特征和适应能力；对人类学家而言，体质意味着体格、环境适应能力、疾病和行为的相互关系。

一、国内对体质的认识

（一）定义

体质是人体的质量，它是在遗传性和获得性基础上表现出来的人体形态结构、生理功能和心理因素综合的、相对稳定的特征。该定义充分强调了遗传在体质形成中的重要作用，并对其发展提供了可能性；同时，人类生存、发展和变化又与环境有着密切的联系，并受其制约。

（二）研究内容

体质研究主要包括以下三方面的内容。

（1）体格指人体的形态和结构，包括生长发育水平、体形、姿态、体成分和营养状况等。

（2）体能指人体各器官系统的机能和在肌肉活动中表现出来的能力，包括生理功能（机体的新陈代谢状况和各器官、系统的效能等）、身体素质（速度、力量、耐力、灵敏性、柔韧性、协调性等）和基本活动能力（走、跑、跳、投、爬越、负重等身体活动基本能力）。

（3）适应能力指人体在适应自然环境和社会环境中所表现出来的能力，包括对疾病的抵抗力和对各种应激源的抵抗力。

（三）特点

我国对体质的认识具有鲜明的特点。

（1）机体是统一、相互联系的整体。体质是构成人体各要素能力的一种综合能力。

（2）体质是人体身心两方面密切联系的结果。

（3）遗传因素对机体作用的同时，强调后天塑造的重要性。

（4）体质的种族、地域、性别、年龄的差异，其发展既有规律性，又有特殊性。

（5）身体素质和运动能力是体格发育与生理功能水平的主要外在表现，合理锻炼是增强体质最有效的能动手段。

（6）体质研究是复杂的系统工程，各学科之间的交叉和联系非常密切。

二、国外对体质的认识

（一）定义

体质（physical fitness）是"身体适应能力"，简称体适能。美国运动医学学会（ACSM）将体适能定义为机体在不过度疲劳状态下，能以最大活力愉快地从

43

事休闲活动的能力，以及应对不可预测紧急情况的能力和从事日常工作的能力。

（二）内容

美国运动医学学会认为，体适能由健康体适能和竞技体适能组成。

1. 健康体适能

健康体适能是指与健康有密切关系的体适能，是指心血管、肺和肌肉发挥最理想效率的能力。它不仅是机体维护自身健康的基础，而且是机体保证以最大活力完成日常工作和降低慢性疾病危险因素出现的条件。

（1）心肺耐力。

心肺耐力指肌肉、神经、循环和呼吸系统维持长时间活动的能力，也称有氧耐力。一般情况下，高水平有氧耐力既可以保持机体在相对疲劳状态下持续工作的能力，又可以协助消除疲劳。有氧耐力被认为是健康体适能中最重要的要素，经常参加有规律的有氧锻炼，将有助于降低许多与运动不足有关的健康危险因子。

（2）身体成分。

身体成分指构成身体的各种物质及其比例，一般包括脂肪量和瘦体重。其中瘦体重包括肌肉、骨、水、血液和其他非脂肪组织。身体成分一般用体脂百分比表示。

（3）肌力和肌肉耐力。

肌力指肌肉在对抗阻力条件下，尽力完成一次最大收缩的能力，如卧推。肌肉耐力指大肌肉群在次最大强度下，保持持续收缩的能力。良好的肌肉耐力可以确保机体在不疲劳状态下，反复从事各种活动。一般采用持续工作的次数、距离、时间来评价，如俯卧撑。

（4）柔韧性。

柔韧性是指在无疼痛条件下，关节自如活动的范围，也称为可动性。一般受到关节周围肌肉和韧带伸展性的制约，它是保持运动能力、降低受伤概率和慢性腰腿疼痛的主要条件。一般采用坐位体前屈或站立体前屈评价。

2. 竞技体适能

竞技体适能是指与动作、舞蹈和体操等表现有关的运动技术能力，一般包括灵敏、平衡、协调、速度、爆发力和反应时间等。这些因素一般受遗传的控制，是从事各种运动项目的物质基础。然而，目前还没有证据表明这些因素与增进健康和预防疾病有直接关系，如身体协调性好的人并不比差的人寿命长或患病机会少。

第三节 健康与体质的关系

随着人们对健康认识的不断深入，从"生物、心理、社会和道德"四维层面关注健康被越来越多的人所接受。现代医学对健康的评估模式也证明了人类健康将是多种因素联合干预的结果。健康已成为全世界关注的话题。体质作为人类具有的基本属性，其内涵与现代健康观有许多相似的成分。体质学的创建也是建立在生物学、医学、人类学、心理学和社会学基础理论之上的一门综合性学科。

医学认为：体质是生命活动和身体活动之间的对立统一，自然也是健康和体力之间的对立统一。体质一分为二就是健康和体力。健康和体力不能相互代替。只有把体力和健康有机地结合起来，才能完整地反映出体质水平。体育界对体质和健康的认识基本上将医学检查归属健康范畴，将身体发育、机能水平和运动能力归属体质范畴。

总而言之，体质和健康从不同侧面反映了人类的基本特征。体质是人体的质量，而健康则是体质状况的反应和表现，两者不可分割。

世界卫生组织对体适能的解释是使肌肉做功达到满意程度的一种能力，属于身体对外界环境的适应能力。其中，健康体适能是评价个体生理能力的常用指标，是健康的基础。在一个人的生长、发育和衰老过程中，随着生理机能的逐渐衰退，健康体适能也会随之下降。此外，反应健康体适能的指标还是慢性疾病的预测因子，如冠心病、中风等。健康体适能水平下降会增加慢性疾病的发生率。故此，健康体适能不仅直接反映个体健康状况，也是幸福安宁的重要决定因素之一。

? 思考题

1. 什么是健康？如何评价健康？

2. 详细论述对体质定义的不同观点。

3. 分析健康与体质之间的关系。

第四章　膳食营养

第一节　认识营养素

　　人从一出生就会吸吮母乳，但如何吃得营养、吃得健康则是一门学问。人体需要不断从外界摄取食物，经过消化、吸收、代谢，利用食物中身体需要的物质（营养学上称为"营养素"）来维持正常的生命活动。世界上没有单纯的一种营养素能满足人体生命活动的全部需要，也没有一种食物能供给我们身体所需的全部营养素。如果营养摄入不合理，无论营养素缺乏还是过剩，都会对健康不利。大学生虽然以在学校食堂就餐为主，也需要学会食物的选择，获得必要的营养知识，提高自己的健康素养。食物主要给人体提供营养素。目前已知人体需要的营养素有40余种，可分成七大类：蛋白质、脂类、碳水化合物、无机盐、维生素、水和膳食纤维。本节向大家介绍各类营养素的功能、营养素主要的食物来源是什么、营养素缺乏或过多对人体有何影响。

一、七大类营养素的功能

（一）蛋白质的功能

　　蛋白质是由氨基酸组成的一类高分子有机化合物，已知自然界存在20种氨基酸。食物中的氨基酸就其功能来说分为必需氨基酸和非必需氨基酸两类。前者是人体不能合成或合成不能满足需要的，必须由食物中摄取，后者也为身体所需要，但是可以自己合成。食物蛋白质的营养价值取决于必需氨基酸的含量以及它们之间的比例，如奶制品和蛋类中必需氨基酸的含量高，且各氨基酸之间的比例接近人体蛋白质的组成，故营养价值很高。蛋白质在体内的主要功能：① 构成人体成分。人体含蛋白质 16% ～ 20%，是肌肉等各组织器官的重要组成成分。② 合成人体各种生理活性物质，如胰岛素等激素、抗感染的抗体、参与生化反应的酶等。③ 提供热能。1 克蛋白质在体内分解可产热 4 千卡（1 千卡 ≈ 4.2 千焦）。

（二）碳水化合物的功能

碳水化合物包括单糖（葡萄糖、果糖）、双糖（蔗糖、麦芽糖）、多糖（淀粉、糖原）。膳食纤维也是一种碳水化合物，因体内没有相应的消化酶而不能被机体吸收利用，现已将其作为第七大类营养素加以研究。碳水化合物在体内的主要功能：① 提供热能。人体每日所需热能大部分来源于碳水化合物，它是最容易获得、最经济的能源。1 克碳水化合物在体内分解可产热 4 千卡。② 构成体内重要生命物质。神经组织的重要成分糖脂即由糖参与构成。③ 节约蛋白质。摄入足够的碳水化合物可以增加肝糖原的贮存，减少蛋白质作为能量的消耗。

（三）脂类的功能

脂类分为脂肪和类脂质，其中脂肪由 1 分子甘油和 3 分子脂肪酸组成。类脂质中除含有脂肪酸外，还有其他化合物，如固醇类（如胆固醇）。动物脂肪为固体状态，植物脂肪为液体状态，它们在人体内代谢比蛋白质和碳水化合物可产生更多的热量。脂类在体内的主要功能：① 供给热能。三大营养素中脂肪产热量最多，1 克脂肪在体内分解可产热 9 千卡，因此体内脂肪是能量的储存库。② 构成机体组织。例如，类脂是细胞膜、神经组织的重要组成成分。③ 帮助脂溶性维生素吸收，增进食物的色、香、味，为机体提供必需脂肪酸（指身体不能合成，必须由食物中摄取的脂肪酸）。

（四）无机盐的功能

除了蛋白质、脂肪、碳水化合物等有机化合物外，人体需要的营养素还有无机盐。成人每日需要量大于 100 毫克的称为常量元素或宏量元素（如钾、钠、钙、磷、镁、氯、硫 7 种），需要量小于 100 毫克的称为微量元素（如铁、锌、碘、硒、氟、铜、钼、锰、铬、镍、钒、锡、硅、钴 14 种）。无机盐种类繁多、功能各异：① 构成机体的重要材料。例如，钙、磷等是骨骼、牙齿的重要成分。② 构成身体重要生理活性物质。例如，碘是甲状腺素的主要成分，铁是血红蛋白的主要成分。③ 与生理机能有关，如维持机体内环境的稳定平衡，与神经、肌肉的兴奋和收缩等有关。

（五）维生素的功能

维生素是近 100 年才陆续发现的一组有机营养素，目前已知的有 20 多种。它们需要量很少，但对维持身体健康极为重要。我们的身体不能合成，或合成很少不能满足需要，必须由食物中摄取。维生素依其性质分为两大类：一类能溶于脂肪的称为脂溶性维生素，体内能储存，摄入过多不能从尿内排出，可引起中毒；一类为水溶性维生素，体内不能储存，必须持续从食物中摄取，摄入过多可从尿中排出，不会引起中毒。表 4-1-1 为各主要维生素的名称和主要作用。

表 4-1-1　各种维生素的主要作用

维生素名称		主要作用
脂溶性维生素	维生素 A	维持正常的暗视觉、维持细胞上皮的正常功能
	维生素 D	促进钙、磷的吸收和钙在骨骼中的沉积
	维生素 E	保护细胞免受自由基的损害；增强免疫功能，延缓衰老
	维生素 K	促进血液凝固
水溶性维生素	维生素 B_1	参与机体能量代谢的重要物质，提高食欲，增强消化功能
	维生素 B_2	参与蛋白质代谢
	维生素 B_3	参与体内氧化还原反应；促进消化；维持皮肤和神经的健康
	维生素 B_5	增强机体、抗应激、抗寒冷、抗感染的功能
	维生素 B_6	参与分解蛋白质、脂类和碳水化合物
	维生素 B_{12}	促进红细胞的发育和成熟，预防恶性贫血；维护神经系统健康
	维生素 C	增强机体对外界环境的抗应激能力和免疫力

（六）水的功能

很多人认为，水是平常之物，尽管对人体重要，但没什么营养，不属于营养素。殊不知，所谓营养物质，就是能为生命活动提供能量、维持正常新陈代谢所需的元素。水是人体最大的组成成分，是营养物质的载体，各种代谢的废物也须经过溶于水从尿液或汗液中排出体外；此外，水可通过蒸发或分泌汗液来调节体温；水还有润滑作用，如润滑眼球防止干燥的泪液、滑润关节减少摩擦的关节滑液主要成分都是水。由此可见，水是对维护人体机能必不可少的营养素之一。

（七）膳食纤维的功能

20世纪70年代以前，人们将食物用酸碱处理后的不溶物称为粗纤维，并认为粗纤维是对人体没有营养作用的非营养成分。经过近几十年的研究，人们发现这种粗纤维与人体健康密切相关，将其命名为膳食纤维，使之成为"第七大营养素"。1999年，美国应用化学委员会提出，膳食纤维不能被人体小肠消化吸收的而在大肠能部分或全部发酵的可使用的植物性多糖及其相类似物质的总和，包括纤维素、半纤维素、果胶、树胶、木质素及相关植物物质、来源于动物的甲壳素等。植物性食物中，胃肠道不能消化的物质统称膳食纤维；可溶性膳食纤维主要来自水果的树胶、果胶、藻胶、豆胶等；不溶性膳食纤维主要来自谷皮、果皮和蔬菜的纤维素、半纤维素、木质素等。膳食纤维的功用：① 降低胆固醇水平。膳食纤维可在小肠包裹胆酸，阻断胆酸被小肠重吸收回肝脏生成胆固醇，从而降低血液中胆固醇水平，预防心脑血管疾病。② 预防便秘、减少肠道疾病的发生。膳食纤维有很强的吸水性和膨胀性，可刺激肠道蠕动，加速排便，减少致癌物质在肠道内的停留时间，降低直肠癌和痔疮的发生率。③ 预防糖尿病。膳食纤维能在肠道内形成一种黏膜，延缓食物营养素的消化过程，阻隔葡萄糖的吸收，从而降低血糖的水平，不易引起血糖的快速升高。④ 控制体重，防止肥胖。富含膳食纤维的食物单位重量所含能量低，吸水后体积较大，使人产生饱腹感，抑制食欲。膳食纤维还能减少食物中脂肪的吸收，从而减少热量的摄入，有利于控制体重、预防肥胖。

二、各类营养素缺乏或过多对人体产生的影响

成年人在补充营养素时，可将以中国营养学会 2022 年发布的《中国居民膳食指南（2022）》中营养素的参考摄入量作为参考。一个健康成年人体内各类营养素、维生素缺乏或过多对人体产生的不良影响见表 4-1-2 和表 4-1-3。

表 4-1-2　各类营养素缺乏或过多对人体产生的不良影响

营养素名称		缺乏或过多对人体产生的不良影响
蛋白质		缺乏可导致营养不良；过多可导致多种慢性疾病患病风险的增加
脂类		很少有人因缺乏脂肪而患病；过多可导致肥胖症、高血压、高脂血症、动脉硬化、糖尿病、胆道疾病等
碳水化合物		缺乏可导致脂肪酸氧化不全而产生过量酮体，影响机体酸碱平衡；缺乏可导致肝糖原储备不足，从而影响肝脏的解毒能力，还会导致疲乏、头晕、脑功能障碍等严重后果；过多可导致能量以脂肪的形式储存，导致肥胖症，甚至引发糖尿病、心脏病等
维生素		缺乏对人体的影响详见表 4-1-3；过多可破坏人体内环境的稳定，甚至会引起中毒现象
无机盐	钙	缺乏可导致幼儿的佝偻病、青少年较低的骨密度峰值、成年人的骨质疏松、老年人的骨折；过多会干扰身体对其他无机盐的吸收，增加患肾结石的风险
	铁	缺乏可导致缺铁性贫血；摄入过量可导致铁中毒，引起意识模糊、心脏衰竭
	钠	缺乏可导致肌肉痉挛、头痛、恶心、呕吐；过多可造成高血压、肾脏疾病、骨质疏松等
	碘	缺乏可导致甲状腺肿的发生；过多可造成碘致性甲状腺肿大，过量服用碘增补剂有中毒的危险
	锌	缺乏可造成儿童生长发育严重迟滞，多种营养素缺乏、食欲不振、免疫力低下、伤口不易愈合、视力下降、认知功能发展滞后；摄入过量易致中毒
水		缺乏可导致体温调节障碍等各种生理功能失调；过多则可引起水中毒
膳食纤维		缺乏可导致多种疾病；过多则易把多种营养物质带出体外，导致营养不良；水溶性膳食纤维摄入过量时，易引起脂溶性维生素摄入不足

表 4-1-3　各类维生素缺乏对人体产生的不良影响

维生素名称	缺乏对人体产生的不良影响
脂维生素 A	夜盲症、毛囊角化
维生素 D	佝偻病
维生素 E	妇女不孕、流产
维生素 K	血不易凝
维生素 B_1	脚气病、食欲不振
维生素 B_2	烂口角、怕光、舌炎
维生素 B_3	糙皮病
维生素 B_5	毛发褪色
维生素 B_6	体重下降、抑郁、皮炎
维生素 B_{11}	巨幼红细胞贫血、神经管畸形
维生素 B_{12}	皮肤对称性色素沉着

三、各类营养素的食物来源

认识了七大类营养素之后，还需要了解各种营养素含量较高的食物，以便我们有针对性地选择食物，以完成食物的合理搭配和特定营养素的补充。各种营养的食物来源见表 4-1-4。

表 4-1-4　各种营养素的食物来源

营养素名称	食物来源
蛋白质	动物性食物中以蛋类、瘦肉、乳类、鱼类、虾等含量丰富；植物性食物中以黄豆、蚕豆、花生、核桃、瓜籽含量较多
脂类	动物油，如猪油、鱼肝油；植物油，如菜油、花生油、豆油、芝麻油；肉类、蛋、黄豆等也含有脂肪
碳水化合物	谷类：米、面、玉米；淀粉类：山芋、土豆、芋头、绿豆、豌豆；糖类：葡萄糖、果糖、蔗糖、麦芽糖
水	各种食物和饮水

续表

营养素名称		食物来源
膳食纤维		可溶性膳食纤维（如果胶、树胶和黏胶）富含于水果、燕麦、大麦和部分豆类中；不溶性膳食纤维（如纤维素和半纤维素）富含于玉米、麦麸等谷物、油菜、韭菜、芹菜、花生、核桃、桃、枣等
无机盐	钙	豆类、奶类、蛋黄、骨头、深绿色蔬菜、米糠、麦麸、花生、海带、紫菜等
	磷	粗粮、黄豆、蚕豆、花生、土豆、硬果类、肉、蛋、鱼、虾、奶类、肝脏等
	铁	肝脏、血、心、肝、肾、木耳、瘦肉、蛋、绿叶菜、芝麻、豆类、海带、紫菜、杏、桃、李等
	锌	海带、奶类、蛋类、牡蛎、大豆、茄子、扁豆等
	碘	海带、紫菜等
	硒	海产品、肝、肾、肉、大米等
脂溶性维生素	A	动物肝、胡萝卜、绿叶菜
	D	动物肝、蛋、奶、阳光转化
	E	麦胚油、芝麻油、豆油
	K	广泛存于动植物中
水溶性维生素	B_1	硬果、豆类、全麦粉、粗粮、动物肉、内脏等
	B_2	硬果、肝、肾、肉、豆、蔬菜
	B_3	肉、各种豆类、硬果
	B_5	酵母、蛋黄、肝、谷物
	B_6	小麦胚、香蕉、硬果、豆
	B_{11}	各种绿叶菜、麦胚、水果
	B_{12}	肝、肾、鸡蛋、鱼

知识窗

什么是健康饮用水?

合格的自来水理应成为主要的饮用水来源。此外，还有纯净水和矿泉水。纯净水经过一定的工艺和吸附，去除了98%以上的无机盐和有机物。矿泉水是来自地下数百米的地下水，含有大量的钙、镁、硫、硅、锂、锶、硒、锌等矿物元素（不同矿泉水中，各元素的含量是不同的）以及二氧化碳。尽管人体必需营养素主要来源于食物，但水中的无机盐和微量元素仍不失为人体的来源之一，对人体是非常有益的。对于特殊人群来说，如婴幼儿、老人、孕妇等，他们的饮食如不均衡，也需要从饮水中得到一些无机盐。在这种情况下，纯净水不适宜作为他们的唯一饮用水。选择什么水，第一要考虑的问题是安全。要记住饮水的主要作用是为人体补充水分。补充水分要少量多次。每次以一小杯为好。运动后咕咚咕咚地喝一大瓶水是不对的。

第二节　营养处方

一、营养处方的定义

不同种类的食物中所含营养素不同。动物性食物（包括肉、鱼、禽、蛋、奶及奶制品）和豆类含优质蛋白质；植物性食物中的蔬菜、水果含维生素、无机盐；谷类、薯类和糖类含碳水化合物；食用油含脂肪；肝、奶、蛋含维生素A；肝、瘦肉和动物血含铁。为了获得充足的营养，我们需要摄取均衡的膳食。所谓均衡膳食，是指选择多种食物，经过适当搭配，满足人们对能量及各种营养素需求的膳食。不同年龄、不同需求的人群均衡膳食的搭配又不相同，因此，为了指导人们科学地摄取营养，需要根据个人的实际情况制订膳食营养计划。就像医院的医生为不同的患者开出的医疗处方一样，我们把膳食营养计划称之为营养处方。一般情况下，营养食谱需要有一定营养学知识背景的专业人员来制订，但大学生通过必要的学习，完全可以制订一份自己专属的营养处方。

> **知识窗**
>
> ### 《中国居民膳食指南（2022）》
>
> 2022年4月26日，中国营养学会发布了《中国居民膳食指南（2022）》。《中国居民膳食指南（2022）》提炼出了平衡膳食八条准则，具体内容如下。
>
> （1）食物多样，合理搭配。
>
> （2）吃动平衡，健康体重。
>
> （3）多吃蔬果、奶类、全谷、大豆。
>
> （4）适量吃鱼、禽、蛋、瘦肉。
>
> （5）少盐少油，控糖限酒。
>
> （6）规律进餐，足量饮水。
>
> （7）会烹会选，会看标签。
>
> （8）公筷分餐，杜绝浪费。

55

二、营养处方的构成

就像医疗处方有患者一般信息、诊断、药物名称和使用建议一样，营养处方的内容和格式具体如下。（表4-2-1）

（1）使用者的一般资料：姓名、性别、年龄、职业、体力活动水平。

（2）膳食评价：现在平均每日膳食总热量、各热能营养素的比例、三餐的热能比。

（3）膳食建议：建议今后每日膳食总热量、各热能营养素的比例、各类食物的种类及摄入量、三餐的热能比及膳食制度。

（4）食谱推荐：包括早、中、晚餐的具体食物搭配建议。

（5）注意事项：如何加餐、如何进行同类食物之间的置换、如何与运动相结合。

表 4-2-1　营养处方建议格式

营养处方						
一般资料	姓名		性别		年龄	
	职业		体力活动水平			
当前膳食评价	每日膳食总热量					
	各热能营养素的比例					
	三餐的热能比					
合理膳食建议	每日膳食总热量					
	各热能营养素的比例、三餐的热能比					
	各主要营养素的摄入量					
	各类食物的摄入量					
食谱推荐	早餐					
	中餐					
	晚餐					
注意事项	餐建议					
	同类食物的置换					
	与运动的配合					

中国居民平衡膳食宝塔

中国居民平衡膳食宝塔（图4-2-1）是根据《中国居民膳食指南（2022）》，结合中国居民的膳食，把平衡膳食的原则转化成各类食物的重量，便于大家在日常生活中实行。膳食宝塔建议的各类食物摄入量都是指食物可食部分的生重。各类食物的重量不是指某一种具体食物的重量，而是一类食物的总量，如每日 300克蔬菜，可以选择100克油菜、50克胡萝卜和150克圆白菜的组合，也可以选择150克韭菜和150克黄瓜搭配。

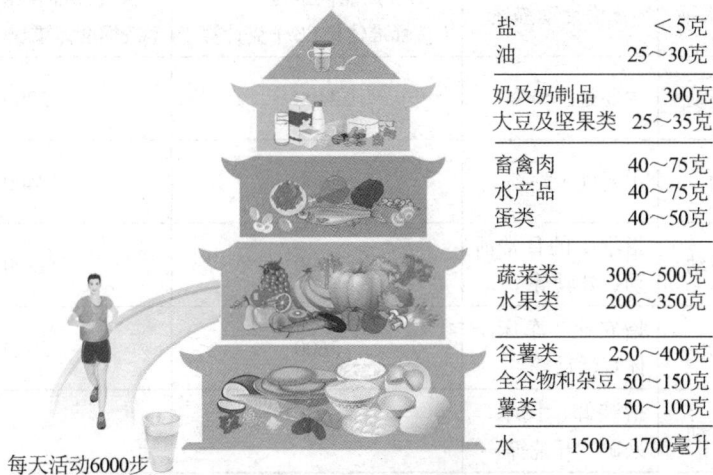

盐	<5克
油	25～30克
奶及奶制品	300克
大豆及坚果类	25～35克
畜禽肉	40～75克
水产品	40～75克
蛋类	40～50克
蔬菜类	300～500克
水果类	200～350克
谷薯类	250～400克
全谷物和杂豆	50～150克
薯类	50～100克
水	1500～1700毫升

每天活动6000步

图 4-2-1　中国居民平衡膳食宝塔

（资源来源：中国营养学会官方网站）

57

三、营养处方的制订

营养处方的制订需要五个步骤，具体如下。

（一）膳食评价

通过回顾法将个体过去某个有代表性的一天内所有摄入的食物、饮料等进行分类、归总，再按照最新的《中国居民膳食指南（2022）》，对被评价者平均每日膳食总热量、各热能营养素的比例、各主要营养素的摄入量进行粗略计算和分析。

（二）确定每日热能供给量

在制订营养处方之前，需要对需求者的一般信息进行采集，包括性别、年龄、职业、平均日常体力活动水平，以便确定其每日合理的热能供给量。其中最主要的是评估日常体力活动水平。一般体力活动分级标准和不同性别成年人对应的热能供给推荐量见表4-2-2。

表4-2-2　不同体力活动水平成年人热能供给推荐量

体力活动水平	体力活动描述	男性热能供给量/千卡（按标准体重65千克计算）	女性热能供给量/千卡（按标准体重55千克计算）
极轻体力劳动	主要处于坐姿	2400	2200
轻体力劳动	主要处于站姿	2600	2400
中等体力劳动	指学生的日常活动、驾驶等	3000	2800
重体力劳动	指农业、车床、体育活动等	3600	3400
极重体力劳动	指装卸、伐木、采矿、开荒等	4200	

（三）确定热能营养素所占比例和三餐的热能分配

一般人群碳水化合物、蛋白质和脂肪在一日总热能中各占60%～70%、12%～15%、20%～25%；如脂肪超标欲控制体重者，可强化低碳水化合物、高蛋白质饮食，热能比可调整为50%、25%、25%；如有增肌需求的健美爱好者，可采用60%、20%、20%的比例搭配。不仅每天热能摄入量要合理，一日三餐的能量分配也要合理，根据人体每日食物消化、吸收的规律和作息特点，三餐热能分配一般遵循3∶4∶3的比例或各占1/3，如果有加餐，可根据时间将加餐分别归入相应的三餐中计算。此外，一般加餐的热量不超过全天总热量的10%。

58

（四）确定三大产能营养素的摄入量

每克营养素在人体内氧化产生的能量值（千卡）称为产热系数，碳水化合物、蛋白质和脂肪的产能系数分别为 4、4、9，故确定三大产能营养素所占比例后，根据各自的产能系数即可计算摄入量。

（五）确定各类食物的种类及摄入量

从营养学的角度，食物一般分为五类。

（1）谷类（包括米、面、杂粮）及薯类（包括马铃薯、甘薯、木薯等）主要提供碳水化合物、蛋白质、膳食纤维及B族维生素。

（2）动物性食物（包括肉、禽、鱼、奶、蛋等）主要提供蛋白质、脂肪、无机盐、维生素A和B族维生素。

（3）豆类和坚果（包括大豆及其他干豆、花生、核桃、杏仁等）主要提供蛋白质、脂肪、膳食纤维、无机盐和B族维生素。

（4）蔬菜水果类（包括鲜豆、根茎、叶菜、茄果等）主要提供膳食纤维、无机盐、维生素C和胡萝卜素。

（5）纯热能食物（包括动植物油、淀粉、食用糖和酒类）主要提供能量，植物油还可提供维生素E和必需脂肪酸。

根据《中国食物成分表 2015 年版》中提供的数据，将上述确定摄入量的营养素分别分配到不同的食物中，实现食物多样化的同时，摄入足够的蔬菜和水果，以保证维生素、无机盐和膳食纤维的摄入。

（六）微调食物的多样性

食物的多样性可以通过使用食物交换份法，并根据个人的经济状况、饮食喜好、食材的可获得性进行微调。

四、营养处方示例

（一）减脂营养处方

案例：女生夏××，22 岁，身高 160 厘米，体重 65 千克，日常锻炼较少，有减脂需求，请为她制定订份营养处方。

步骤 1　膳食评价

该女生体质指数为 65/（1.6×1.6）=25.4，按照亚洲成年人群的标准，属于轻度肥胖。通过对其有代表性的一天的饮食回顾，计算得知该女生每日膳食总热量为 2800 千卡，碳水化合物、蛋白质和脂肪三大热能营养素各占一日总热量的40%、30%、30%，三餐及晚加餐热能比为 1：3：4：2。

步骤 2　确定每日热能供给量

该女生体力活动水平按轻体力劳动计算，查表得标准体重女性热能需要量2200 千卡/天。由于有减脂需要，适宜的减脂速度是每月 1 千克。按照减去 1 千克脂肪约需消耗 7700 千卡热量计算，计划每月从饮食中减少 3850 千卡。同时通过锻炼增加能量消耗 3850 千卡，即每天需减少热量摄入约 128 千卡，故每日适宜摄入总热量为 2072 千卡。

步骤 3　确定三大产能营养素比例和三餐分配

由于有减脂需求，应减少碳水化合物的比例、保证脂肪的比例、提高蛋白质的比例，故选择碳水化合物、蛋白质和脂肪各占 50%、25%、25%，即三大产能营养素分别提供热量：1036 千卡、518 千卡、518 千卡。三餐热能按 3：4：3分配，则早、中、晚餐分别摄入热量 622 千卡、829 千卡、622 千卡。

步骤 4　确定三大营养素的摄入量

碳水化合物的摄入量：1036/4=259 克

蛋白质的摄入量：518/4=129.5 克

脂肪的摄入量：518/9=58 克

步骤 5　确定各类食物的种类及摄入量

确定碳水化合物来源的食物：按照《中国居民膳食指南（2022）》的要求，每天必喝的 300 毫升牛奶中含 6.8 克碳水化合物、500 克蔬菜中含 15 克碳水化合物、300 克水果中含 25 克碳水化合物，共 46.8 克碳水化合物，则不足部分的碳水化合物（259-46.8=212.2 克）由谷物补充。因一份主食 25 克可提供 19 克碳水化合物，故需摄入重 279 克的谷薯类食物。

确定蛋白质来源的食物：除去 300 毫升牛奶、279 克谷物中的蛋白质（6+28=34 克），不足的部分由水产、肉、蛋、豆制品补充。因一份肉、蛋组食物50 克可提供 10 克蛋白质，故需摄入生重 555 克的肉、蛋、豆制品类食物。

确定脂肪来源的食物：除去上述食物中的脂肪，不足的由食用油补充。一般中餐的食物烹饪过程中油的使用应能满足每日脂肪的推荐摄入量。

按 3：4：3 的热量比例分配到三餐中，具体三餐的食物选择推荐见表 4-2-3。

步骤 6　微调食物的多样性和适当组合

按食物交换份法，同类食物中尽可能采用丰富的食物来源构成多样组合的营养处方。

表 4-2-3　夏 × × 的营养处方

营养处方						
一般资料	姓名	夏 × ×	性别		年龄	22 岁
	职业	学生	体力活动水平		轻度	
当前膳食评价	每日膳食总热量	2800 千卡				
	各热能营养素的比例	碳水化合物、蛋白质和脂肪所占的比例分别为 40%、30%、30%				
	三餐的热能比	1：3：4（晚加餐占总热量的 20%）				
合理膳食建议	每日膳食总热量	2072 千卡				
	各热能营养素的比例、三餐的热能比	碳水化合物、蛋白质和脂肪所占的比例分别为 50%、25%、25%；三餐的热能比 3：4：3				
	各主要营养素的摄入量（生重）	碳水化合物、蛋白质和脂肪的摄入量分别为 259 克、129.5 克、58 克				
	各类食物的摄入量	谷薯类 279 克、蔬菜 500 克、水果 300 克、牛奶 300 毫升、肉蛋类 555 克				
食谱推荐	早餐					
	中餐					
	晚餐					
注意事项	加餐建议					
	同类食物的置换					
	与运动的配合					

（二）增肌人群营养处方

案例：男生迟××，26岁，身高174厘米，体重66千克，身体瘦弱，有增肌需求，请为他制订一份营养处方。

步骤1 膳食评价

该男生体重指数为66/（1.74×1.74）=21.8。按照亚洲成年人群的标准，其体重在正常范围。通过对其有代表性的一天的饮食回顾，计算得知该男生每日膳食总热量为2900千卡，碳水化合物、蛋白质和脂肪三大热能营养素各占一日总热量的70%、15%、15%，三餐热能比为2∶4∶4。

步骤2 确定每日热能供给量

该男生体力活动水平按轻体力劳动计算，查表得标准体重男性热能需要量2600千卡/天。由于有增肌需要，按照增肌期间每千克体重需要50千卡热量计算，则每天需摄入总热量3300千卡。

步骤3 确定三大产能营养素比例和三餐分配

由于有增肌需求，应保证摄入充足的糖、控制脂肪摄入、提高优质蛋白质的比例，故选择碳水化合物、蛋白质和脂肪各占60%、20%、20%，即三大产能营养素分别提供热量1980千卡、660千卡、660千卡。三餐热能按3∶4∶3分配，则早、中、晚餐分别摄入热量990千卡、1320千卡、990千卡。

步骤4 确定三大营养素的摄入量

碳水化合物的摄入量：1980/4=495克

蛋白质的摄入量：660/4=165克

脂肪的摄入量：660/9=73克

步骤5 确定各类食物的种类及摄入量

确定碳水化合物来源的食物：按照《中国居民膳食指南（2022）》的要求，每天必喝的300毫升牛奶中含6.8克碳水化合物、500克蔬菜中含15克碳水化合物、300克水果中含25克碳水化合物，共约47克碳水化合物，则不足部分的碳水化合物（495–47=448克）由谷物补充。因一份主食25克可提供19克碳水化合物，故需摄入重600克的谷薯类食物。

确定蛋白质来源的食物：除去300毫升牛奶、600克谷物中的蛋白质（6＋60=66克），不足的部分由水产、肉、蛋、豆制品补充。因一份肉蛋组食物50克可提供10克蛋白质，故需摄入生重500克的肉、蛋、豆制品类食物。

确定脂肪来源的食物：除去上述食物中的脂肪，不足的由食用油补充。一般中餐的食物烹饪过程中油的使用应能满足每日脂肪的推荐摄入量。

按3：4：3的热量比例分配到三餐种，具体三餐的食物选择推荐见表4-2-4。

步骤6　微调食物的多样性和适当组合

按食物交换份法，同类食物中尽可能采用丰富的食物来源构成多样组合的营养处方。

表4-2-4　迟××的营养处方

营养处方						
一般资料	姓名	迟××	性别		年龄	26岁
	职业	学生	体力活动水平		轻度	
当前膳食评价	每日膳食总热量	2900千卡				
	各热能营养素的比例	碳水化合物、蛋白质和脂肪所占的比例分别为70%、15%、15%				
	三餐的热能比	2：4：4				
合理膳食建议	每日膳食总热量	3300千卡				
	各热能营养素的比例、三餐的热能比	碳水化合物、蛋白质和脂肪所占的比例分别为60%、20%、20%；三餐的热能比3：4：3				
	各主要营养素的摄入量（生重）	碳水化合物、蛋白质和脂肪的摄入量分别为495克、165克、73克				
	各类食物的摄入量	谷薯类600克、蔬菜500克、水果300克、牛奶300毫升、肉蛋类500克				
食谱推荐	早餐					
	中餐					
	晚餐					
注意事项	加餐建议					
	同类食物的置换					
	与运动的配合					

知识窗

食物交换份

　　所谓食物交换份，就是将食物按照来源和性质分成四大组（谷薯、肉蛋、蔬菜、油脂组）八大类（谷薯、蔬菜、水果、肉蛋、大豆、奶类、油脂、坚果类），并按照中国人的计量习惯，将能产生90千卡热量的食物作为"一份"，一份同类食物所含的蛋白质、脂肪、碳水化合物和热量相似。

　　各类食物一份的重量分别是：25克谷薯类、500克蔬菜、200克水果、50克肉蛋鱼、25克豆制品、160克牛奶、10克烹调油、15克坚果。简单地说，半两粮、一斤菜、一个蛋、一两肉、半袋奶、四两水果均是1个食物交换份。

　　制订营养处方时，将每天需要的总热量除以90，得到一天需要吃多少份食物。在总份数不变的前提下，同类食物之间可任意交换，这样食物的种类就丰富了。

第五章　体育锻炼的身心效应

第一节　体育锻炼与身体活动

一、体育锻炼

　　体育锻炼指有计划、有组织、反复进行的，能维持或提高体质和健康水平的身体活动，属于身体活动的一种。身体活动与体育锻炼对健康和构成体质各因素水平的增强作用与活动内容有直接关系。从维持健康角度来说，这两者可相互代替，但身体活动一般体现为促进身心健康的更广泛的活动，而体育锻炼则更侧重于体能的维持和提高。一个人如果想提高特定体能和实现目标，就必须从事有频率、强度和持续时间要求的体育锻炼。体育锻炼形式有等张练习、等动练习、等长练习、伸展练习等形式。

二、身体活动

　　身体活动指身体在骨骼肌收缩下完成身体位移和持续消耗能量的过程。身体活动类型包括如下几种类型。

　　（1）有氧运动：是指身体大肌肉群反复进行有节奏的收缩，且能够持续较长时间的活动，如跳绳、骑车、游泳、慢跑等。

（2）无氧运动：在短时间内最大限度地完成各种活动，如短跑、举重等。

（3）生活式活动：指日常生活中完成的各种活动，如步行、爬楼梯、做家务、干农活等。

（4）玩耍：指额外消耗能量的身体活动，如捉迷藏、跳绳。

（5）游戏：指自选的、带有趣味性和一些规则的活动。

（6）竞技运动：有竞争性，记分方法和规则要求，结果不能预定的活动，通常有几种分类，如单人、双人、集体。

知识窗

在寒冷环境中进行体育锻炼所采取的保护措施，其主要目的是保持体温和防止冻伤，因此要注意手、脚、鼻子、耳朵等部位的保暖。运动着装应是重量轻而多层的服装，而不是单层厚重服装，贴身一层衣服需要是有助于散发皮肤水分和吸水性强的材料。在寒冷多风的环境下进行身体锻炼，尽量不要把身体弄湿，以保持热量。另外，在冷环境下，肌肉的黏滞性增大、伸展性和弹性降低、工作能力下降，更容易引起运动损伤。为了避免冷环境给运动带来的不利影响，在运动前一定要做好准备活动并增加热身活动的时间，保证体温进一步地升高；其次，不要张大嘴巴呼吸，避免冷空气直接刺激喉咙而引起呼吸道感染、喉痛和咳嗽等；运动后要做好整理活动，并及时穿上外衣，以保持身体温度。

第二节　体育锻炼与身体健康

　　健康、强壮、智慧是人类的美好愿望。从几千年前的上古时代开始，人们就一直在苦苦探求防御疾病、抵抗衰老、延长寿命的奥秘。进入高速发展的现代社会，久坐者和缺乏运动者的数量正日益增加。许多研究证实，身体活动不足和久坐的生活方式会导致身体产生许多不良反应，从事规律的身体活动有助于预防许多慢性疾病和早衰现象，并维持高水平的生活质量。

一、体育锻炼的自觉效果

　　一般来说体育锻炼的效果是多种多样的。由于环境条件的限制及锻炼条件的差异，即使在同一种锻炼、同一个年龄组的条件下，锻炼效果也不尽相同。在体育锻炼的早期阶段，每个参加者都会产生一种"精力充沛"的自我感觉，这就是锻炼带来的自觉效果之一。这种自觉效果的存在，不仅能稳定锻炼者的情绪，还能提高锻炼兴趣，坚定锻炼信念，并为持久锻炼打下良好基础。

　　运动带来非特异性效果。各种疾病都有一些非特异性症状，即疲劳感、食欲不振、头痛、发热等。这些非特异性症状是人体对外界的各种应激源的一种防御性反应（应激）。当刺激过强，作用时间过久，机体就会失去适应能力，从而潜伏某种疾病，这些非特异性症状就是一种提示信号。运动能不同程度地缓解体内的某种应激症状。这种现象提示我们，适宜的运动能给人体带来保持旺盛生命力的一系列非特异性运动效果，使人们从中获益，而保持健康的体魄。

知识窗

体育教育家马约翰：为何梁思成、钱伟长都感谢他？

　　体育教育家马约翰教授，因为体育而成为清华大学的标志性人物。他说："体育可以带给人勇气、坚持、自信心、进取心和决心，培养人的社会品质——公正、忠实、自由。"

　　著名科学家钱伟长，1931年考进清华大学时，身高只有1.49米，体重也不够50千克。在马约翰教授的体育报国思想教育下，钱伟长充分发挥其顽强拼搏的精神，从没有停过一天的体育运动，成为当时全校闻名的中长跑运动员，打下了良好的健康底子。晚年的梁思成常笑着对后辈说："别看我现在又驼又瘸，当年可是马约翰先生的好学生，有名的足球健将，在全校运动会上得过跳高第一名，单双杠和爬绳的技巧也是呱呱叫的……我非常感谢马约翰。"

　　1958年，76岁的马约翰和土建系的一位中年教授合作，轻松地夺得北京市网球双打冠军，首创了76岁老人达到一级运动员标准的纪录。马约翰教授树立了坚持体育锻炼的典范，毛泽东主席曾经称赞他是"新中国最健康的人"。

68

二、心肺机能的改善

　　运动的种类和性质不同，引起的机体生理学适应性变化也不一致。研究认为，耐力运动对心血管系统的影响效果最为显著。

（一）运动时的心率变化

　　健康成人的心率为男 65～75 次/分、女 70～80 次/分。当人体发热、神经紧张或运动时，心率都会加快。一般来说，运动强度越大，心率越高，两者呈正比例关系。长期坚持锻炼的人，安静状态下心率可比正常人低一些，可达到 40～60 次/分。为什么心率能保持低水平呢？原因之一是控制心脏活动能力的中枢神经系统对运动的一种适应性反应；原因之二是心脏容量增大，心肌收缩力加强，使每搏输出量增多的结果。因此，每搏输出量增加和心率降低是心脏功能提高的重要标志。工作效率的提高和能量的节约，会使心脏得到充分的休息，有效地防止心脏过度疲劳，形成一种自然的防御机制。运动锻炼带来的心率降低，是经过长期训练使心脏功能得到改善的良好反应。这种生理性心率减慢应与临床上常见的房室传导阻滞所致的心率减慢是截然不同的。

（二）运动时的心输出量

每搏输出量与心率的关系为每分输出量=心率×每搏输出量。下面有两组数据可供比较。

（1）安静状态下。

一般人：5000 毫升=70 次/分×70 毫升

锻炼者：4500 毫升=50 次/分×90 毫升

（2）最大强度运动。

一般人：22000 毫升=195 次/分×113 毫升

锻炼者：37000 毫升=195 次/分×190 毫升

安静状态下，两者每分输出量相差不大，但以最大强度运动时，经常锻炼者每分输出量明显提高。由此可见，通过体育锻炼可以增强机体心脏功能。每搏输出量的增多说明心脏对锻炼的适应性能力得到了提高。每搏输出量与最大摄氧量呈正比例关系。运动时，心输出量的变化直接影响机体各器官的有氧代谢。心输出量是决定有氧代谢能力的关键，是全身耐力的原动力及构成体力的重要因素。运动可使心输出量增大，可以改善全身耐力，进而增加体力，使精力旺盛。这就是人们常说的"生命在于运动"的意义所在。

（三）运动员心脏的特点

1. 心脏功能强

人的心脏基本上有三种类型：一种是正常但没有受到锻炼的心脏，另一种是因病而肥大的心脏，还有一种是运动员心脏。运动员心脏增大现象常在职业运动员或长期坚持耐力锻炼的人身上出现。医学研究者通过大量的研究得出：病理性增大的心脏扩张、松弛，收缩时射血能力减弱；心储备能力低下；与此相反，运动性增大的心脏外形丰实，收缩力强，心储备能力高，所以说运动员心脏增大是

69

心脏对长期运动负荷适应的表现。

2. 心脏血管口径增大

同其他肌肉一样，心脏工作时也要消耗氧气。经常锻炼者的心脏口径增大且毛细血管丰富，所以供氧充足，心功能增强；而长期不锻炼者的动脉口径会逐渐减小，出现狭窄，心脏工作容易疲劳。

3. 神经调节作用增强

受过良好训练的心脏即使面临难以控制的情绪危机，也能做出相应的反应来保护自身，而未受过训练的人就没有这种自卫能力。

（四）运动时的血压变化

血压是流动血液对血管壁的侧压力。正常人的血压值是收缩压在 18.7 千帕或以下，舒张压在 12.0 千帕或以下。随年龄增长，血压可稍有升高。运动中的血压呈上升趋势，收缩压随运动强度增加而上升明显，舒张压的变化不大。这种脉压差增大有利于供给全身血液的需要。长期锻炼者运动后血压恢复快。在剧烈运动前，为防止血压的急剧升高可能带来的身体危害，可先做一些轻度的准备活动，使身体内血管扩张性保持良好状态。如果运动中出现血压急剧下降的倾向，这是一个危险信号，此时应立即终止运动，并尽快就医。

（五）运动过程中的呼吸机能变化

70

人体在运动时，肌肉在活动过程中需要消耗大量的养料和氧气，同时产生很多的二氧化碳，这就使呼吸器官的工作能力得到提高，以满足身体的需要。经常锻炼，呼吸系统的功能会得到改善，首先是呼吸肌发达，胸围和呼吸差增大，肺活量增大。经常锻炼的人，肺活量可以增加 1000 ~ 2000 毫升。其呼吸频率和呼吸深浅也和一般人有所不同。一般人呼吸浅快，频率为 16 ~ 20 次/分；而锻炼有素的人呼吸深缓，频率为 8 ~ 12 次/分。这种深缓的呼吸方式既可提高换气效率，又可使呼吸器官得到较长时间的休息，适应剧烈运动的能力增强。

三、肌肉机能的改善

对青少年来说，运动时，机体内新陈代谢加强，血液循环加快，血流量增加，运动器官就可以获得充足的营养物质，而促进青少年的骨骼、肌肉的发育，身高、体重、胸围的增长尤其显著。经常参加体育锻炼的青少年，比同龄不锻炼者的身高平均高 3～5 厘米。适宜锻炼可使骨的生长发育加强，骨骼长长、更坚固；使关节囊、韧带、肌腱增厚，增加其弹性和伸展性，提高关节的灵活性；使肌肉中营养物质增加，肌纤维增粗，肌肉变得粗壮结实，收缩力量和耐力加强，在神经系统得调节下，肌肉工作更加准确、协调有力，工作效率明显提高。

四、锻炼与免疫

免疫机能的提高表现为疾病抵抗能力的增强。免疫系统是人体内的一套防御系统：它由免疫器官（如胸腺、脾、淋巴结等）、免疫细胞（如 T 细胞、B 细胞、K 细胞、NK 细胞等）和免疫分子（如免疫球蛋白和细胞因子等）组成。研究表明，适宜的健身运动能提高人体的免疫机能。对练习太极拳的老年人运动前后外周血 NK 细胞活性和数量进行动态观察，结果显示，运动后，即刻 NK 细胞活性、数量均显著升高。长期坚持长跑锻炼的运动组，血浆 IgA、IgM、IgG 显著高于对照组，患上呼吸道感染的人数显著小于对照组。免疫系统对运动的反应取决于：① 运动类型、运动强度和持续时间；② 运动者的年龄、身体素质和运动水平；③ 环境条件。轻度和适当的锻炼会增强免疫机能，而大强度或长时间的剧烈运动会导致免疫抑制，产生过度训练综合征。尽管目前还没有直接的证据证实剧烈运动会降低机体对患病的抵抗力，但在发热、肌肉疼痛、感染等症状出现时，最好避免剧烈运动。

第三节　体育锻炼与心理健康

科学的身体活动有利于促进身体健康已是众所周知。有些人在体弱多病时会考虑通过体育锻炼来恢复健康，然而，当在学习、工作或生活中出现抑郁、焦虑、情绪低落或其他心理障碍时，可能很少考虑通过体育锻炼来改善情绪，消除心理障碍。随着生物-心理-社会三维健康观的不断普及，有关体育锻炼对心理健康的良好效应也逐渐被人们接受。

一、体育锻炼的心理效应

（一）体育锻炼可以改善情绪

体育锻炼可以使情绪得到调控。不良情绪是导致生理、心理异常和疾病的重要因素之一，而体育锻炼能直接给人带来愉快和喜悦，降低紧张和不安，从而调控人的情绪，改善心理健康。例如，麦格曼（McInman，1993）等人对体育锻炼后的被试者立即进行了测量，发现他们的状态焦虑、抑郁、紧张的心理紊乱等水平显著降低，而在精力和愉快程度上却显著提高。伯格（Berger，1993）认为，有规律地从事中等强度（最大心率的60%～75%）活动的锻炼者，每次活动20～60分钟，有助于情绪的改善；还有些研究人员研究发现，用力运动可使人减少情绪上的负担，甚至能减轻因精神压力的偶发事件而造成的心理负担，如同人们在愤怒时摔东西的迁怒、宣泄作用一样，运动行为的替代作用可以减弱或消除情绪障碍。在当今快节奏、高效率、强竞争的时代，人们的心理上会产生一定程度的紧张、焦虑、不安。在繁忙的学习、工作中抽出时间坚持体育锻炼，可使紧张、焦虑、不安的情绪状态得到改善，心理承受能力提高，适应能力增强。

知识窗

运动产生内啡肽

运动可以促进人体内分泌的变化。大脑在运动后会产生一种名为内啡肽的物质。人心情的好坏，与大脑内分泌出来的内啡肽的多少相关。运动可以刺激内啡肽的分泌，使内啡肽的分泌增多。在内腓肽的激发下，人的身心处于轻松愉悦的状态。内啡肽因此也被称为"快乐激素"或者"年轻激素"。它能让人感到欢愉和满足，甚至可以帮助人排遣压力和不快。并非所有的运动都可以产生这种效果，内啡肽的分泌需要一定的运动强度和一定的运动时间。中等偏上强度的运动，比如健身操、跑步、登山、羽毛球等，运动30分钟以上才能刺激内啡肽的分泌。

（二）体育锻炼对自我概念有良好的影响

自我概念是个体主观上关于自己的看法和感觉的总和，它由许多自我认识组成。由于锻炼可以增强体质、精力充沛，因而，体育锻炼对于改善身体表象和身体自尊都非常重要。许多研究发现，锻炼者比不锻炼者有更积极的总体自我概念，体质好的人比体质差的人倾向于更高水平的自我概念和躯体概念。躯体表象障碍在正常人群中是普遍存在的。肥胖的个体更可能有身体表象和身体自尊方面的障碍。对身体表象不满意会使个体自尊下降，并产生不安全感和抑郁症状。研究表明，力量与身体自尊、情绪稳定性、自信心相一致，加强力量训练使个体的自我概念显著增强。

（三）体育锻炼对个体认知有良好效应

动作技能的学习和掌握过程，不仅需要通过视觉、听觉来感知动作的形象，还要通过触觉和肌肉的本体感觉感知动作的要领、肌肉用力大小，以及动作过程中的时间和空间关系等，从而建立完整、正确的动作表象。在这个过程中，学习者的感知能力、观察力及形象记忆、动作记忆能力等认知能力都能得到发展与提高。

（四）体育锻炼有助于培养情操和意志力

锻炼内容的多样性、复杂性、多变性和趣味性，能使人从中体验到快乐、满足、紧张、兴奋、焦虑等多种不同程度的情感体验。体育活动的团体性和互助互学能启发学生的社会意识，增强自尊、自信及责任感。体育活动的竞争性能激发学生的进取心。同样，体育活动中也有各种各样的困难与障碍，其中有来自内心的，如紧张、害怕、失意等情绪，也有来自外界的，如环境、设备、能力限制等。为了实现目的，就必须发挥意志的作用，克服困难。因此，锻炼的过程就是意志行动实现的过程，可以发展学生的自觉性、果断性、自制性等良好的意志品质。

（五）体育锻炼有助于培养完整人格

社会心理学的研究表明，人格的形成及发展与人的行为活动不可分割。在体育教学和体育锻炼中，学生是活动主体，并拥有一个较为广阔的空间领域。思维活动与机体活动紧密结合有利于人格的显示和发展，同时活动内容的多样性为学生人格的多元化发展提供了条件。一项元分析结果表明，体育活动对人格的培养有积极效应。

需要强调的是，科学的锻炼能促进心理健康。如果锻炼不合理，则会损害身体，给心理健康带来负效应。这些负效应主要表现在心理耗竭和成瘾两方面。

心理耗竭指锻炼者在运动中因长期无法克服的运动应激而产生的一种耗竭性心理生理反应。常见的心理症状有心境状态紊乱，身体、精神和情绪的筋疲力尽感，自尊心下降，人际关系质量消极变化（玩世不恭、冷酷无情等）。研究指出：心理耗竭不仅损害心理健康，而且还直接导致退出锻炼。

锻炼成瘾是对有规律的锻炼生活方式的一种心理生理依赖。锻炼成瘾分为积极锻炼成瘾和消极锻炼成瘾两种。有积极锻炼成瘾的人能够控制锻炼行为，而有消极锻炼成瘾的人则反受锻炼行为的控制。锻炼成瘾的诊断标准：活动单一，导致每日锻炼的刻板模式和固定时间表；为保证每日锻炼，日益把锻炼放在优先的突出地位；日益表现出对大运动量的承受；有规律锻炼一旦停止，表现出心境状态紊乱的信号；一旦恢复运动，紊乱现象减轻或消失；主观上意识到自己非锻炼不可；不顾他人告诫运动会加重身体的不良状态而继续运动。锻炼成瘾不能算是一种强迫症状，因为个体主观上并未想摆脱。出于健美、减肥、提高运动技能等目的的锻炼是否易形成锻炼成瘾，目前未见报道。这种心理倾向是否会发展为变态也有待研究。

二、体育锻炼的社会效应

人有着生命的生物性，又表现了丰富情感和独立人格的社会性。一个社会人扮演着各种各样的社会角色。在不同层次的人际网络之中，个人与社会的适应情况不仅表现在对自己、对他人、对家庭、对集体、对社会的态度，而且还表现在与他人建立联系的方式和程度及对各种事情的处理上。

社会适应不良对人的身心健康会产生消极的影响。社会能力差的人常因人际关系不和而产生心理上的烦恼，并持续出现焦虑、压抑等不良情绪反应，这种情绪可降低免疫机能，增加患病可能。人是社会关系的总和，是不可能脱离人群、脱离社会而独立存在的。人们在社会生活中生长，也在社会中发展成熟。人们几乎每时每刻都与他人交往生活，彼此产生影响，增进友谊，互相合作。

人际关系是人与人之间心理上的联系，是在一定群体背景下，人们通过相互交往和影响而形成的比较稳定的心理关系。它是一种社会情感的体现。人际关系反映了个体或团体寻求满足其社会需要的心理状态。相当部分的体育活动是以群体协作的形式进行的，成员之间的沟通方式多数为多向交往。人们通过练习、比赛、协作、保护与帮助，促进人际关系的改善，有利于良好身心的发展。因此，体育活动对培养锻炼者的社会适应能力具有特殊作用。经常参加体育运动者更容易与他人形成亲密的关系，人际交往能力也会得到提高。

合作是一种集体活动，通过人与人之间、人与集体之间和集体与集体之间的协同活动，以实现共同的需要。由于许多体育活动以集体活动形式进行，如球类项目，其成员之间必须加强合作、密切配合，才能取得好的结果和锻炼效果，所以，经常参与集体项目活动能培养自己的群体意识。

体育锻炼能增加人与人之间接触和交往的机会。通过与他人的交往，可以使人体忘却烦恼和痛苦，消除孤独感，并能提高自己的社会适应性。研究表明，外向性格者比内向性格者的社交需要更强烈，这种社交需要通过打篮球、踢足球、拔河等集体性活动得到满足。内向性格者则更应该参与集体性的体育活动，长此以往，可以使自己的性格发生变化。体育活动能促进人际交往，同时，与他人交往或参与群体活动为坚持锻炼提供了有益的支持。

思考题

1. 身体活动有哪几种类型？
2. 为什么说体育锻炼能促进身心健康？
3. 体育锻炼促进身体健康有哪些表现？
4. 体育锻炼在促进心理健康方面有哪些表现？

第六章　科学地进行体育锻炼

第一节　发展运动能力的方法

运动能力是人体进行体育活动的基础，而人体进行锻炼也是为了提高包括运动能力在内的各种身体机能。人体运动能力可表现在力量、速度、耐力、灵敏性、柔韧性等方面。如果要通过科学锻炼提高自身的生理机能，就必须了解影响人体运动能力的生理基础和发展机能的手段。

一、力量及其锻炼方法

力量是人体肌肉收缩产生的张力。人体的各种活动几乎都是由肌肉收缩克服阻力产生的。力量被认为是体育活动的基础。

（一）影响肌肉力量的生理基础

1. 肌肉体积

肌肉体积可通过肌肉横断面积表示，横断面积越大，肌肉力量就越大。通过力量练习增加肌肉蛋白质含量是增大肌肉体积的重要手段。

2. 肌纤维类型

肌纤维分为红肌纤维和白肌纤维。白肌纤维收缩产生的力量大，红肌纤维收缩产生的力量小。肌肉中红肌纤维和白肌纤维的比例主要由遗传因素决定。

3. 神经调节

神经作用于肌肉收缩力量通过两种方式。一种是神经兴奋性大小，兴奋性越强，参与收缩的肌纤维数目越多，力量就越大；另一种是通过增加神经中枢发放神经冲动的频率来增加肌肉力量。神经冲动频率越高，肌肉力量越大。神经对肌肉力量的调节作用可解释为什么有些人看上去肌肉体积并不大，而肌肉力量却较大的原因。

（二）增强肌肉力量的方法

增强肌肉力量的方法有很多，锻炼者可根据自己的实际情况选择力量练习方法。

1. 动力性力量练习

肌肉收缩时肌纤维长度发生变化，同时产生张力克服外界阻力的力量练习，称为动力性练习。体育锻炼中多数力量练习属于动力性练习，如跳跃、哑铃、举重等。动力性练习主要是通过增加外界阻力达到提高肌肉练习的效果。对于一般锻炼者来说，最好采用动力性练习。

在动力性练习中，采用不同阻力提高肌肉力量的效果也不同。一般说，采用相当于本人最大力量80%的运动负荷，主要作用是发展肌肉力量和速度，使肌肉增粗，这种方法适用于青年健美爱好者；采用60%左右的最大负荷主要改善神经协调肌肉能力，使肌肉力量和肌肉耐力增加；采用40%的最大负荷练习虽然对提高肌肉力量不明显，却可以改善肌肉的血液循环，增加肌肉中毛细血管数量，保持已有力量。

2. 静力性力量练习

肌肉收缩时肌肉长度不变，而是维持某一特定位置的肌肉力量练习，称静力性练习。静力性练习主要是发展特定位置的肌肉力量，如站桩。静力性练习比较安全，一般不会出现急性肌肉损伤，因此常用于肌肉康复练习。由于静力性练习时易造成肌肉缺氧，往往伴随憋气动作，因此，老人和儿童尽量少运用静力性力量练习。

（三）力量练习的注意事项

（1）根据自己的实际水平选择负荷大小，不论采用何种负荷，都要遵循循序渐进原则，避免突然增大负荷造成运动损伤。

（2）动作速度与负荷大小有关，阻力大速度慢，在选择适宜负荷时尽量加快速度。

（3）发展肌肉力量应隔日锻炼效果为好，但每次练习时应使肌肉有疲劳感。

知识窗

力量练习与肌肉酸痛

参加力量训练的人往往会出现肌肉酸痛的现象。肌肉酸痛通常是在训练后几个小时或几天后出现，这是由于部分肌纤维被拉伤、酸痛组织中体液滞留导致渗透压的变化、肌肉痉挛、训练的结缔组织可能过度拉长以及乳酸过度堆积等原因所造成。一般来讲，肌肉酸痛是损伤的信号，应中断或变换练习内容。预防肌肉酸痛的发生可注意以下几点。

（1）要根据不同体质和健康状况科学、合理地安排负荷，负荷强度不要过大或增加过快。练习时尽量避免较长时间集中于身体某一部位，以免局部肌肉负担过重。

（2）准备活动要充分，加强伸展性练习，可以有效预防肌肉酸痛的发生。

（3）整理活动除了一般的放松练习外，还要重视进行肌肉的伸展牵拉练习，这样做有助于预防局部肌纤维痉挛，从而避免酸痛的发生。

当出现肌肉酸痛的现象后，采取以下方法能使肌肉酸痛得以缓解和消除。

（1）热敷。可对酸痛的局部肌肉进行热敷，促进血液循环及代谢过程，有助于损伤组织的修复及痉挛的缓解。

（2）伸展练习。可对酸痛局部进行静力牵张练习，保持伸展状态2分钟，然后休息1分钟。每天重复练习几次这种伸展练习有助于缓解痉挛。但做伸展练习时不可用力过猛，以免提拉时再使肌纤维损伤。

（3）按摩。按摩有助于肌肉放松和促进血液循环，对肌肉损伤和痉挛有一定的修复和缓解作用。

二、速度和速度耐力及其锻炼方法

（一）影响速度和速度耐力的生理因素

1. 影响速度的生理因素

速度可分为反应速度、动作速度和通过一段距离的位移速度。影响速度的主要生理因素是神经系统的反应能力、肌肉组织的兴奋性和肌纤维类型。

（1）神经系统的反应能力主要指感觉神经的敏感程度或大脑对刺激做出快速反应的能力。大脑皮质对刺激做出反应的速度越快，表现为整体的反应速度越快。

（2）肌肉兴奋性高，对外界环境变化做出反应的能力就强，表现为整体的反应速度就快。

（3）肌纤维中白肌纤维所占比例大，运动的速度就快。

2. 影响速度耐力的生理因素

速度耐力指机体长时间快速运动的能力，也称无氧耐力。影响速度耐力的因素有糖酵解能力、机体缓解乳酸能力和耐酸能力。

（1）在速度耐力性运动中，主要依靠糖酵解提供能量，因此，机体糖酵解能力越强，速度耐力素质越好。

（2）糖酵解的中间产物是乳酸。乳酸在体内增加会造成机体疲劳，因此，及时消除体内的乳酸含量，可使肌肉快速工作的时间延长。

（3）耐酸能力。在耐力运动接近无氧运动时，乳酸堆积增加，造成身体疲劳。通过间歇训练可提高身体耐受乳酸的能力明显增加。

（二）提高速度和速度耐力的方法

1. 提高速度的方法

（1）反应速度的练习。主要提高神经系统的灵活性和对刺激信号快速做出反应的能力。在练习时可采用不同信号刺激，如声音、光等，使机体接受刺激并迅速做出反应。

（2）动作速度的练习。发展动作速度的关键是提高每个动作的熟练程度和各个动作之间的相互连接。

（3）位移速度的练习。主要提高肌肉快速收缩能力和肌肉力量及柔韧性。

2. 提高速度耐力的方法

速度耐力练习主要是无氧运动练习，其目的是提高机体的糖酵解能力、缓解乳酸的能力和耐受乳酸能力。锻炼时心率应保持在 160 次/分以上，300 ～ 500 米的全速跑、间歇跑。

三、有氧耐力及其锻炼方法

经常从事有氧运动，可以有效地降低慢性心脏病、肿瘤、糖尿病、骨质疏松、肥胖的发病危险，明显改善焦虑等不良心理现象，而且还常伴有高水平身体活动能力的提高。因此，具备好的有氧能力是促进健康和增强体质的基础。

（一）影响有氧耐力的生理因素

有氧耐力指长时间从事有氧运动的能力，又称一般耐力。决定机体有氧耐力的生理因素主要是运动中氧气的供应因素和能源物质含量。

1. 肺的通气功能

肺的通气量越大，吸入氧气量就越多。在体育锻炼中采用加深呼吸的方法可有效地提高呼吸效率。

2. 血液的载氧能力

吸入的氧气通过血红蛋白运送到细胞，在生理范围内，血红蛋白含量高，运输氧气的能力就强。

3. 心脏的射血能力

单位时间内心脏射血量越多，输送氧的量越多。影响心脏射血的主要因素是心肌收缩力量或心室容积大小。

4. 肌肉的代谢能力

肌细胞有氧代谢能力是影响有氧能力的重要因素。有氧代谢酶活性越高，利用氧气的能力越强。肌细胞有氧代谢能力与肌纤维类型有关。红肌纤维含量越高，有氧代谢能力就越好。心脏射血能力或肌细胞有氧代谢能力是影响有氧耐力的最重要因素。

5. 肌糖原含量

肌糖原是肌肉进行有氧代谢的主要能源物质。它的供能特点是相对耗氧少，代谢效率高，代谢产物能及时排出体外。肌肉中糖原含量越高，有氧供能的潜力就越大。虽然脂肪也参与有氧运动的供能，但脂肪氧化供能时氧气消耗较多，代谢产物堆积，容易使机体疲劳。

（二）提高有氧耐力的练习方法

建议每周练习 3～4 次，每次练习 20～60 分钟，采用 60%～90% 最大心率的强度进行；可以采用的运动形式有快走、跑步、游泳、自行车、登山、跳绳、健身操等。

四、灵敏性及其锻炼方法

灵敏性是指人体迅速改变体位、转换动作和随机应变的能力，是人体各种运动能力在体育活动中的综合表现。

（一）影响灵敏性的生理因素

由于灵敏性是人体各种能力在体育活动中的综合表现，所以多种因素都可以影响身体的灵敏能力。除了大脑皮质的灵活性、肌纤维的类型外，影响因素还包括以下几个方面。

1. 年龄和性别

在儿童到青年阶段，身体的灵敏性是自然增加的，到 20 岁左右，灵敏能力趋于稳定，老年后灵敏能力明显下降。在青春期后，男孩的灵敏能力明显高于女孩。

2. 体重

身体过重会使身体惯性增加，降低肌肉的收缩速度，表现为身体的灵敏性下降。

3. 条件反射的巩固程度

运动技术掌握得越好，灵敏性越好。

（二）提高灵敏能力的练习方法

提高人体灵敏能力的方法主要有两种：一种是固定的转换体位的练习，如各种穿梭跑、"8"字跑和折返跑等，这是发展人体基本灵敏能力；另一种是突然给练习者信号，练习者迅速做出反应，这种方法主要是提高人体应用灵敏的能力。

知识窗

发展灵敏素质的注意事项

（1）练习方法、手段应多样化，并经常改变。

（2）掌握本专项一定数量的基本动作。

（3）抓住发展灵敏素质的最佳时期。

（4）灵敏素质练习时，应注意消除练习者的紧张心理状态。

（5）合理安排训练时间。

（6）灵敏素质的练习应有足够的间歇时间。

（7）应结合专项要求进行训练。

五、柔韧性及其锻炼方法

柔韧性是健康和体质的重要组成部分。它是人们完成日常工作和进行锻炼必备的能力。保持良好的柔韧性对维护健康、提高锻炼效果是有益的。随着现代社会的不断进步，老年化和久坐行为日渐突出，造成软组织弹性和肌肉伸展性明显下降，使人们的活动效率大大降低，可能还会引发伤害事故。比如，困扰现代人的"腰背痛"就是因为腰背部和大腿后肌群伸展性不足，肌肉耐力差造成的。良好的柔韧性不仅为身体活动提供重要的保障，而且对降低疾病的威胁也有益处。柔韧性发展过度，也会造成关节结构不稳，易发生运动损伤。

（一）影响柔韧性的因素

影响柔韧性的主要因素：两关节面积大小差别越大，关节活动幅度越大；关节周围组织越多，限制关节活动度的因素就越多。关节周围肌肉、肌腱、韧带的伸展性越好，柔韧性就越好。发展关节周围软组织伸展性是提高柔韧素质的主要途径。提高神经系统对肌肉收缩和放松能力的调节，可以改善对抗肌肉的协调能力，从而使柔韧性提高。

（二）提高柔韧性的练习方法

提高柔韧性的主要方法是做牵拉练习。牵拉练习分为动力性练习和静力性练习两种。

1. 动力性练习

动力性练习是利用肌肉反复收缩，使关节尽量伸展到最大活动范围，如踢腿。如果施加负荷或动作幅度过大，将会造成不必要的损伤，尤其不适合不经常锻炼的人群和中老年人群。

2. 静力性练习

静力性练习是采用缓慢的速度，逐渐拉长肌肉，使关节活动逐渐达到较大范围，并持续保持该姿势的一种练习，如压腿。练习时，不要产生明显的疼痛感（可有适度酸痛、紧张感）。练习时间一般保持30秒左右，重复练习数次。静力性练习一般不易拉伤软组织，还有利于肌肉放松，因此，在准备活动和放松活动中做柔韧练习时一般以静力性方式进行。

从事专门的柔韧性练习时，最好两种方法结合使用。但必须做到伸展练习前充分热身，注意练习幅度和频率的循序渐进性。

第二节 体育锻炼的原则与安排

一、体育锻炼的原则

虽然体育锻炼方法简单易学，但要想科学地安排体育锻炼，提高锻炼效果，避免伤病事故，就必须遵循体育锻炼的基本原则。

（一）循序渐进原则

循序渐进是指在学习体育技能和安排运动负荷时，要由小到大，由简到繁，由易到难，逐渐进行。许多人开始锻炼时，兴趣很高，活动量也很大，但坚持几天，就失去了锻炼热情，会出现各种不良反应。产生的原因可能有以下几种：开始活动量大，机体无法很快适应，身体疲劳反应也很大，锻炼者受不了这么大的"苦"而放弃锻炼；对锻炼价值的期望过高，认为只要锻炼就会立竿见影，发现锻炼几天后，未见明显变化，结果大失所望；开始运动负荷过大，导致运动损伤等。

基于上述原因，人们在进行锻炼时，要逐渐地增加运动量。以跑步为例，开始时可先做步行或走跑交替等运动量小的练习，活动两周后，待身体机能适应后，再逐步增加跑步的速度和距离。另外，锻炼者也要充分认识到，锻炼效果一两个月后才能显现。只要坚持下去，就会取得理想效果。

（二）全面发展原则

对大多数锻炼者来说，锻炼并不是单纯发展某项运动技能和提高某一器官功能，而是在获得某一需要的基础上，能获得整体机能全面协调发展。锻炼时，要注意运动内容的多样性和身体机能的全面提高。如果仅发展某一局部机能，不仅提高效果不明显，而且还会对身体产生不利影响。如青年人采用引体向上发展力量，日久天长，就会出现上肢增粗、背肌强壮的现象，而胸肌、腹肌却显得瘦弱，导致类似"驼背"现象。

全面发展原则有两层意思：一是锻炼的项目要丰富多样，不同项目对身体机能的影响作用不同，选择多样化的锻炼，有助于身体机能的全面提高，以免由于不合理的单一练习造成身体畸形发展；二是由于锻炼兴趣和锻炼条件的限制，不可能选择较多的运动项目，那么，在确定锻炼内容时，就应当选择一种能使身体较多部位得到练习的运动形式，以确保整体机能的全面提高。

（三）区别对待原则

锻炼时应根据锻炼者的年龄、性别、爱好、身体条件、锻炼基础等因素的不同做到个别对待，使锻炼更具有针对性。因此要做到以下几点：一是根据年龄选择项目，青年人可进行一些对抗性强、活动较剧烈、有竞争性的项目，以增加锻炼兴趣；老人可选择一些较舒缓的运动，如太极拳、步行等。二是根据性别选择项目，男子可进行一些体现阳刚之气的锻炼，如力量练习；而女子可选择一些节律性较强的练习，如健美操等。三是根据身体情况选择锻炼项目。对体质较弱的人来说，运动量不宜大，如散步、低对抗的羽毛球、乒乓球等；

对于有慢性疾病的人来说，应在专业人员指导下，选择一些针对性练习，以达到辅助治疗的效果。

（四）经常性原则

经常参加体育活动，锻炼效果才明显、持久，所以锻炼要经常化，不能三天打鱼、两天晒网。虽然短时间锻炼也能对身体机能产生一定影响，但一旦停止体育锻炼，这种良好效应会很快消失。以控制体重为目的的锻炼更应该坚持不懈，因为有了减体重效果，就停止锻炼，会使体重反弹，出现"超量恢复"现象，结果使体重更大。

经常参加体育锻炼应注意以下几点。

（1）参加体育锻炼应注重坚持，活动内容和项目可更换，但锻炼不能停止。

（2）每周应有 3 次以上锻炼，时间间隔过长，就不能保持锻炼效果的延续。

（3）如果一次不能抽出充足的时间锻炼，那么可以利用零散时间进行活动。一天进行数次短时间体育活动同样会取得一定的健身效果。

（五）安全性原则

从事任何形式的体育锻炼都应做到"安全第一"。如果锻炼安排、组织不合理，违背科学原则，就可能出现伤病事故，甚至危及生命。为了保证锻炼的安全，锻炼者应做到以下几点。

（1）进行充分的准备活动，待各器官、系统的机能进入活动状态后，再进行较剧烈的运动。

（2）锻炼要全身心投入，有时稍有疏忽就可能受伤。

（3）锻炼时，最好不要在水泥地面上进行，以防长期运动后出现劳损。如不可避免，则选择穿弹性好的运动鞋。

（4）身体虚弱者或慢性疾病患者进行锻炼时，切忌盲目增加运动量或运动强度。

二、一次体育锻炼的安排

一次体育锻炼是否合理，将直接影响锻炼的效果。人体进行一次体育锻炼，一般都要经过准备活动、运动强度逐渐增加、保持相对稳定的活动时间、身体疲劳与恢复等阶段。因此，锻炼者应学会科学地安排每次锻炼，以获得理想的健身效果。

（一）充分的准备活动

每次锻炼前都要进行充分的准备活动。准备活动既可以提高锻炼效果，又可以减少运动伤病。准备活动分为一般性准备活动和专门性准备活动。一般性准备活动指在正式练习前所进行的活动量较小的全身性体育锻炼。其运动形式主要是慢跑、伸展性体操和牵拉性练习。其主要目的是使全身各器官的机能"动员"起来，为即将开始的练习做好适应性准备。活动时间一般为 5 ～ 10 分钟，天气冷时间可长一些，天气热时间可短一些。如果正式练习是一些运动强度较小、技术动作较简单的项目，如跑步、健身操等，则可以不再进行专项准备活动。如进行一些较剧烈、或技术性较高的运动，如球类、武术、田径等，则需进行专项准备活动，如篮球的运球、投篮，武术的踢腿、劈叉等。

（二）运动强度逐渐增加

在正式练习时，活动量也要遵循循序渐进的原则。不要一开始就突然增加运动强度，这样会使身体出现一系列不适反应。这是因为人体器官都有一定的生理惰性，特别是内脏器官。在运动开始后的一段时间，机体有一个逐步提高的过程，否则，会出现各种不适症状。

（三）适度的正式锻炼时间

以健身为主要目的的体育锻炼，应当以有氧运动形式为主，因此，强度不要过大，但锻炼时间必须保证。这样，才能取得良好的锻炼效果。每次应持续 10 ～ 15 分钟中等到大强度活动，注意活动和休息的交替；或 20 ～ 60 分钟的维持中等强度的体育活动；或每天累计完成 30 ～ 60 分钟缓和的体育活动（如步行），也会取得同样的健康效果。一次锻炼时间并不是越长越好。即使是小强度活动，如散步，时间也不要超过 2 小时，体质好的人也是如此。因为过长时间的练习会引起身体疲劳，这是健身锻炼所忌讳的。

（四）锻炼后放松

锻炼结束后会产生一定的疲劳，要使处于高负荷的心肺和肢体活动逐渐"安

"静"下来，必要的放松活动不可缺少。

1. 慢跑和徒手体操

慢跑和徒手体操的主要目的是改善血液循环，加速下肢血液回流，促进代谢产物的消除。

2. 肌肉和韧带的伸展练习

这种方法对减轻肌肉酸痛和僵硬，促进肌肉中乳酸的清除有良好的作用。伸展练习一般以主要活动肌肉和韧带为主，常采用静力性拉伸方式。

三、长期锻炼的安排

锻炼只有持之以恒，才能取得理想的健身效果。因此，锻炼者应根据自身条件、锻炼目的，制订一个长期、切合实际的锻炼计划。锻炼目的是人们安排锻炼计划的重要依据。如为了提高健康水平，那么，安排锻炼的内容和时间就比较灵活，可以跑步、打球等，时间可长可短；如为了发展肌肉力量和肌肉块，就应以力量练习为主，每周练习 3 次；如以减脂为主要目的，就应该进行有氧运动，运动时间相对较长，使体内脂肪充分消耗，通过锻炼减脂，每月减体重 1～2 千克较合适；如为了保持优美的身材和体形，还要做一些健美操和柔软体操的练习。

在实际生活中，人们往往由于各种原因而中断一定时间的锻炼。重新恢复锻炼时，要根据中断锻炼的原因、时间长短和锻炼者的身体情况，再制订一个短时间的恢复性锻炼计划。

由于身体状况而中断锻炼，如生病、受伤等，在恢复锻炼时要注意活动量相对较小一些，恢复锻炼时多做一些轻微活动，恢复时间可长一些。如果是由于非身体条件而中断锻炼，如意外事件，活动量可大一些，适应性时间可短一些。中断锻炼时间越长，恢复时间就越长。

在恢复锻炼过程中，主要进行小强度锻炼，运动形式有步行、慢跑、太极拳等，运动时心率以 100～120 次/分为宜。

对于青年人，由于身体机能好，代谢旺盛，恢复锻炼时间可短一些，一般一周左右就足够了。

87

第三节 体育锻炼效果的生理评定

体育锻炼最主要的目的是促进健康，提高各器官系统的机能能力。要验证体育锻炼对身体机能的良好影响，就要对锻炼进行客观评价。这里主要介绍容易测定而又客观的生理指标。

一、安静状态下锻炼效果的生理评定

（一）用于评定锻炼效果的安静状态

用于评定锻炼效果的安静状态分为两种：一种是人体相对不运动的安静状态，是评定运动效果常用的一种机能状态，在测定某项指标时，应排除各种活动、情绪波动、疾病等因素的影响；另一种是清晨清醒、空腹、卧床时的安静状态。由于这种状态下接近人体的基础状态，所以测定时受外界影响因素较少，能更客观地反映锻炼对人体机能的影响。

（二）安静状态下常用的锻炼效果评定指标

1. 心率的评定

心率（HR）是指心脏每分钟跳动的次数，正常成人心率为 60～100 次/分。在体育运动中，心率次数一般用脉搏次数表示，脉搏可用手在桡动脉、颈总动脉直接测定。用心率监测运动强度是一项比较灵敏的指标，而短期锻炼的效果不可能通过心率表现出来。只有长期从事锻炼取得明显的效果时，心率的良好变化才能显现出来。在安静状态下心率的下降表现心脏的收缩功能明显提高，但应用心率评定锻炼效果，仅适合于从事有氧运动为主的人，速度练习和力量练习对心率的作用并不明显。

2. 血压的评定

血压是指血液流动对动脉血管壁的侧压力。体育锻炼时血压变化很大，但这是血压对运动的应激反应，而不是锻炼后血压的适应性变化。长期的有氧运动可以降低安静时舒张压，这对于防治高血压有一定的效果，但对于高血压患者和老年人，要注意观察运动中血压的变化，防止运动的应激反应引起的血压过高。

3. 肌肉力量的评定

肌肉力量是指肌肉收缩产生的张力。不同肌群、不同关节角度和不同收缩速度产生的肌肉力量不同，但对某一块肌肉来说，一般情况下肌肉力量相对稳定。以肌肉力量作为评定锻炼效果指标时，多采用测力计测定肌肉最大肌力，也可用身体承受一定负荷的重复次数测量。短时间锻炼后，特别是有针对性的力量练习后，肌肉力量会明显增加。应用肌力评定锻炼效果，最好在力量练习后的几天进行，因为力量练习后的 1～2 天内，可能会由于身体疲劳或肌肉酸痛而影响评定效果。

4. 呼吸的评定

锻炼后呼吸频率的变化可以在很大程度上反映肺通气功能的变化，呼吸频率可以通过胸廓起伏次数测定。人体安静时呼吸频率为 16～18 次/分，剧烈运动时呼吸频率可增加到 30～40 次/分，但长期运动者安静时呼吸频率一般在 12～14 次/分，甚至更低。由于呼吸频率受意识控制，因此测量时最好在转移受测者注意力或不知情的情况下测定。

二、定量负荷后的评定

锻炼对身体机能的良好作用在安静状态下并不能完全显示出来。因此，施加运动强度不大的定量负荷，如 30 秒 20 次起蹲、原地 15 秒快速跑等，测量运动后心率、血压的恢复情况，可更客观、全面地评定锻炼效果。

三、评定时应注意的一些问题

（一）运动项目的特点

不同运动项目对身体机能的影响不同，所以在评定锻炼时应考虑锻炼项目的特点。力量性活动主要是发展肌肉力量和体积，对心血管系统的影响并不明显。有氧运动主要是发展心肺功能，长期锻炼后安静时心率会明显下降。在评定锻炼效果时，应选择与锻炼形式相适应的、较敏感的生理指标。

（二）锻炼年限的特点

有些指标，经过短期锻炼后就发生较明显的变化，如肌肉力量；另一些指标的变化则需要长期锻炼才能出现，故不要用短期的效果评定。

（三）评定方法的一致性

在评定锻炼效果时，不同时期测定指标的方法要前后一致，包括测定时间、运动负荷、测定部位等。测量方法统一，测量结果的前后比较才有意义。

（四）评定指标的变异性

任何评定指标在锻炼初始阶段提高都比较容易，而提高到一定程度后，就不再继续提高。例如，男生的立定跳远成绩从 2.00 米提高到 2.60 米较容易，若要从 2.60 米提高到 2.80 米则较难；若要达到 3.00 米，即便通过系统锻炼也很难实现。不要认为只有不断提高才说明锻炼效果好，保持指标在较高的水平，也是锻炼效果好的表现。

知识窗

运动健身的误区

（1）运动量越大，锻炼效果越好。

（2）运动时间越长，锻炼效果越好。

（3）健身方法经常变换，越多越好。

（4）锻炼能治百病，锻炼有神奇效果。

第四节 运动处方

一、运动处方的概念

运动处方类似于医生给病人开的医药处方。由体育运动指导者或医生给进行体育锻炼的人或准备接受体疗的病人，按其年龄、性别、生活条件、健康状况、生理机能以及运动经历等特点，用处方的形式，规定适宜的运动内容和运动量，以达到健身或康复的目的。运动处方的种类很多，一般分为竞技性、健身性、康复性及特殊目的（如减脂）处方。

二、制订运动处方的基本原则

（一）运动处方要个体化

由于每个人的身体条件千差万别，不可能预先准备好适应各种情况的处方，即使可能，个人的身体或客观条件也在经常变化。严格地说，今天的处方明天就不一定适用，所以，必须根据每个人的具体情况，因人而异，区别对待。

（二）运动处方要修订和调整

对于初定的处方，在实行过程中要进行多次的微调，使之成为符合自己条件的运动处方。须知，一个安全、有效的运动处方，需要不断地被修订和调整。

（三）以全身耐力为基础

体力的提高是促进健康、预防疾病的身体保证。因此，在制订运动处方时，应以全身耐力水平的提高为锻炼的主要目的。

（四）保持安全界限和有效界限

为了提高全身耐力水平，必须达到改善心血管和呼吸功能的有效强度，这就是靶心率范围。如果超过这一上限，就可能有危险性。这个运动强度或运动量界限，称为安全界限。而达到这个有最低效果的下限，称为有效界限。安全界限和有效界限之间，就是运动处方安全有效的范围。如果身体条件差的人（年老、体弱、病者），允许的运动条件受限制多些，制订处方时就必须严格规定运动内容；反之，身体条件好的人，运动内容安排的自由度就大。

（五）体质基础和运动效果的特异性

体质差的人，从事强度小的运动也能收到显著效果，而体质强的人，则需要更高的强度刺激，才能见效。运动时身体生理的适应，根据运动种类和方法而有所不同，这称为运动效果的特异性。锻炼时，应根据运动目的选择适合的运动种类，而不宜盲从。

三、运动处方的内容

运动处方一般包括下列六项，即运动种类、运动强度、持续时间、运动频度、运动量、运动进程。

（一）运动种类

从生理学中氧的代谢途径来看，对健康有效的运动项目可分为三类，即有氧运动、无氧运动和混合运动。

在运动处方中，选择运动种类的条件：① 经过医学检查已许可；② 运动量和运动强度符合本人的体力；③ 过去的运动体验与本人喜欢的项目；④ 场地、设备器材许可；⑤ 有同伴与指导者。

从医学角度来说，以增进健康为目的所进行的运动，应考虑以下三个条件：① 全身大肌肉群有节奏地运动，能将心率提高到一定水平，并保持一定时间的有氧运动；② 形式简单易行，能在较长时间内进行，并能终身从事的运动项目；③ 受条件限制少，能在较多数场合和环境下进行。

现代运动处方中，运动形式包括以下三类：

第一类：耐力运动项目，如步行、慢跑、速度游戏、游泳、骑自行车、滑冰、越野滑雪、划船、跳绳、上楼梯及跑台运动等。

第二类：伸展运动及健身操。有广播操、气功、武术、舞蹈及各类医疗体操和矫正体操等。

第三类：力量性项目。采用中等强度，每次 8 ～ 10 组，每组重复 8 ～ 12 次，每周 1 ～ 2 次，对发展力量素质有效。

（二）运动强度

运动强度是运动处方定量化和科学化的核心问题。运动强度可根据锻炼时心率、主观感觉程度（RPE）进行定量化。

1. 心率

心率是确定和监控运动处方强度的最常用指标，主要有以下几种方法。

（1）年龄减算法。

运动适宜心率=180 或 170 – 年龄。如果 60 岁以上或体质较差的中老年人用"170 – 年龄"，此法适用于身体健康的人。

（2）靶心率或运动适宜心率（target heart rate，THR），指能获得最佳效果并能确保安全的运动心率。以最大心率的 60% ～ 85% 为运动的靶心率（适宜心率）。

通常用极限或症状限制性运动试验来确定最大心率，对于健康的人也可根据年龄来推算。

一般人：最大心率=220 – 年龄

经常锻炼的人：

最大心率=210 –（0.8×年龄）

研究认为，心率过低，对机体无明显影响；心率过高，易产生疲劳或运动伤病。因此，确定运动最佳心率范围：

男21～30岁（女18～25岁）：150～160次/分

男31～40岁（女26～35岁）：140～150次/分

男41～50岁（女36～45岁）：130～140次/分

男51～60岁（女46～55岁）：120～130次/分

男61岁以上（女55岁以上）：100～120次/分

由于各种计算方法比较繁杂，可概括成表 6-4-1，应用起来比较方便。

表 6-4-1　各年龄组运动强度与心率的关系

运动强度		100%		80%		60%		40%		20%	
性别		男	女	男	女	男	女	男	女	男	女
不同年龄组的心率/（次/分）	10 ～ 19 岁	202	195	174	168	146	141	117	114	88	87
	20 ～ 29 岁	195	186	168	161	141	136	114	110	87	85
	30 ～ 39 岁	188	175	162	152	137	129	111	106	86	83
	40 ～ 49 岁	181	165	157	144	133	123	108	102	84	81
	50 ～ 59 岁	175	155	152	136	129	117	106	98	83	79
	60 ～ 69 岁	168	146	146	127	125	112	103	94	82	77
	70 岁及以上	161	136	141	121	121	106	100	90	75	

2. 主观感觉程度（RPE）

主观感觉程度是介于生理学与心理学之间的一种参考值，可反映个体在锻炼时感觉到的真正用力程度。（图 6-4-1）

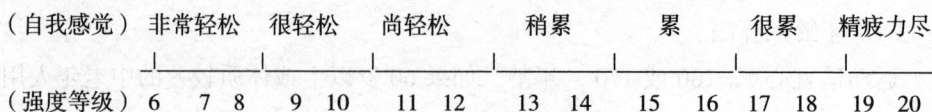

（自我感觉）	非常轻松	很轻松	尚轻松	稍累	累	很累	精疲力尽
（强度等级）	6　7　8	9　10	11　12	13　14	15　16	17　18	19　20

图 6-4-1

（三）持续时间

持续时间指每次持续运动的时间，由于运动时间和运动强度的乘积决定运动量，因此，即使等量的运动量，因运动目的和运动项目的不同而有运动强度和时间不同的处方。以健身为目的的运动，以强度小而时间长的处方效果好，对于青少年则多运用短时间的激烈运动的处方。据研究，每次进行 20～60 分钟的耐力性运动是比较适宜的。从生理来说，5 分钟是耐力运动取得效果所需的最短时间，60 分钟是最大限度的时间，否则会出现疲劳，影响工作和学习。

1. 必要的运动时间

一次必要的运动时间，要根据运动强度、运动频度、运动目的、年龄及身体条件等的不同而不同，不能一概而定。一次运动时间应包括准备活动、正式练习及放松活动三部分，准备活动 5～8 分钟，维持目标强度至少 5 分钟，放松活动 3～5 分钟，所以，一次运动取得锻炼效果起码要 20 分钟。

2. 时间和强度的配合

每次持续时间和运动强度的配合，可明显地改变运动量。一般来说，健康成人宜采用中等强度长时间的运动；体力弱而时间充裕的人，可采用小强度长时间的配合；体力好但业余时间不充足者，可采用中大强度的短时间重复积累的运动方式。

（四）运动频度

运动频度是指每周的运动次数。一周运动 1 次时，运动效果不积累，肌肉酸痛和疲劳每次都发生。运动后 1～3 天身体不适，且易发生伤害事故；每周运动 2 次，酸痛和疲劳减轻，效果一点一点地积累，但不明显；一周锻炼 3 次，不仅效果充分积累，也不产生疲劳，如果增加频率为每周 4～5 次，效果也相应提高。

那么，是否每天运动最好？也不一定必要，只有小运动量或次日疲劳已消除的运动，每日锻炼才是可取的，关键是运动习惯或运动生活化，即每个人选择适合自己情况的锻炼次数，但每周不能少于 2 次。可以取得相同运动效果的运动方案见表 6-4-2。

表 6-4-2　可以取得相同运动效果的运动方案

运动量	取得相同运动效果的运动方案				
锻炼持续时间 / 分	180	90	45	20	10
运动强度（最大用力）	20%	30%	40%	50%	60%
心率 /（次 / 分）	110	120	130	140	150

（五）运动量

运动量是由运动的频率、运动强度和运动时间（持续时间）共同决定的，即训练的FIT。运动量对促进健康/体适能的重要作用已被证实，它对身体成分和体重管理的重要性尤为突出。每周的运动量可以用来评价运动量是否达到了促进健康体适能的推荐量。

计步器是一种促进体力活动的有效工具，并且可以通过每天行走的步数来估算运动量。人们经常提到，"每天步行10000步"，但是每天步行至少5400～7900步就已满足推荐量。为了达到每天5400～7900步的目标，人们可以考虑使用以下方法估算总运动量：① 以 100 步/分钟的速度步行大约相当于中等强度的运动。② 每天以中等强度步行 30 分钟，相当于每天走 3000～4000步。如果运动者的目的是通过运动来管理体重，那么他需要走得更多。以维持正常体重为目的的男性运动者可能需要每天步行11000～12000步，女性需要8000～12000步。使用计步器估算运动量存在潜在的误差，因此最明智的做法是将步/分与目前推荐的运动时间/持续时间结合使用（如以 100 步/分的速度每次步行 30 分钟，或以此速度每周步行 150 分钟）。

（六）运动进程

运动计划的进度取决于运动者的健康状况、健康体适能、训练反应和运动计划的目的。专业人员在实施进度计划时，可以通过增加运动处方的FITT原则中运动者可以耐受的一项或几项来达到目的。在运动计划的开始阶段，建议逐渐增加运动的时间/持续时间（即每次训练课的时间）。推荐给一般成年人的较合理的进度是在计划开始的 4～6 周中，每 1～2 周将每次训练课的时间延长 5～10分钟。当运动者规律锻炼至少 1 个月之后，在接下来的 4～8 个月里，逐渐增加

FIT直到达到推荐的数量和质量。训练时，应该遵照循序渐进的原则，避免大幅度增加FITT–VP中某一项，这样可以将肌肉酸痛、运动损伤、过度疲劳的发生以及过度训练的长期风险降到最低。若因运动量增加而产生了不良反应，如运动后的呼吸急促、疲劳和肌肉酸痛，运动者无法耐受调整后的运动计划时，应降低运动量。

　　制订运动处方过程中主要应注意三方面情况：一是指出禁忌的运动项目和某些易发生危险的动作；二是每次锻炼前后都要做好充分的准备活动和整理活动；三是明确停止运动的标准，即运动中出现头晕、头痛、眼花、胸痛、心慌、恶心、呕吐等情况时，应减少运动量或停止运动；运动中出现损伤或运动性疾病，应停止运动。

第五节　体重控制与体育锻炼

一、肥胖的判定标准

（一）标准体重和理想体重

　　成人标准体重计算有多种公式，按布洛卡公式，我国专家认为，中国成人标准体重可使用下列公式计算：

标准体重=身高（厘米）－100（适用于165厘米以下者）

标准体重=身高（厘米）－105（适用于166～175厘米以下者）

标准体重=身高（厘米）－110（适用于176厘米以上者）

女性体重比男性相应组别减去2.5千克。

肥胖度%=[（实际体重－理想体重）÷理想体重]×100%

评定：肥胖度在±10%为正常；大于10%～20%为过重；超过20%为肥胖。

（二）体重指数法（BMI）

体重指数 = 实际体重（千克）/ 身高（米）^{2}。此种方法确定的人体标准体重为 BMI=22，这是从免疫学角度通过各种资料制订出来的。评价的方法为：BMI < 20 为偏瘦，20 < BMI < 24 为正常体重，24 < BMI < 26.5 为偏胖，BMI > 26.5 为肥胖。

二、肥胖的成因及有关影响因素

肥胖的种类很多，这里指的是无明显内分泌代谢性疾病的肥胖，也称为单纯性肥胖。主要是食物摄入过多和运动不足的结果，生活中 90% 以上的肥胖属于单纯性肥胖。对于肥胖症的发病机理，许多学者从不同角度进行了广泛的研究，提出了各种假说。目前还没有一个学说能较完善地解释肥胖的成因，因此普遍认为：肥胖是多因素作用引起的综合征。

（1）年龄。成人、中年人更易出现肥胖。

（2）性别。女性脂肪含量高。

（3）能量摄入量。过度进食造成体重和体脂增加。

（4）体力活动水平。活动水平低导致肥胖。

（5）安静代谢率。其值低与体重和获得体重的瘦体重有关。

（6）脂肪组织蛋白酯酶活性。肥胖者高，降体重后仍保持高水平。

（7）社会和行为因素的差异。肥胖与社会经济地位、家庭条件、朋友范围、业余活动形式、看电视时间、抽烟习惯、酒精摄入等有关。

三、运动减脂的机理

防治肥胖的基本原则是使人体长期持续地处于能量摄取与消耗的负平衡状态。就是说，通过限制饮食和增加运动量使能量的消耗超过能量的摄取。因此，对于单纯肥胖者的防治，针对其发生的主要原因的对策，一是饮食方法，二是运动方法。肥胖的预防比治疗更有效。在婴儿期、青春发育期、妇女产后及绝经期、男性中年以上都容易发生肥胖，应积极预防。运动+饮食是近年来研究一致的结果，运动减脂的主要作用如下。

（一）运动调节代谢功能，促进脂肪分解

研究表明，肌肉运动时其能量物质的选择与肌肉收缩持续的时间、强度、营养状况有关。健康人在安静时肌肉组织的能量来源以游离脂肪酸为主（约占96%）。在肌肉收缩初期（5 ～ 10分钟），肌肉利用的主要能源物质是肌肉中的糖原，其次是利用血液中的葡萄糖（占30% ～ 40%）；当持续运动达60分钟以上时，利用的总能源明显上升，而其中游离脂肪酸占50% ～ 70%。

肌肉运动需要大量的能量，供应肌肉能量的脂肪酸有血浆中脂质、细胞内的三酰甘油。当运动时，肌肉对血液内游离脂肪酸和葡萄糖的摄取和利用增多，它一方面使脂肪细胞释放出大量游离脂肪酸，使脂肪细胞缩小变瘦；另一方面使多余的血糖被消耗而不能转变为脂肪，结果体内脂肪减少、体重下降。有报道，在40%最大摄氧量强度运动时，脂肪氧化功能约占肌肉能量来源的60%。

（二）运动可降低血脂

体育运动可改善脂质代谢。运动时肾上腺素、去甲肾上腺素分泌增加，可提高脂蛋白酯酶的活性，加速富含三酰甘油的乳糜和极低密度脂蛋白的分解。因此，可以降低血脂而使高密度脂蛋白量升高。

（三）耐力运动使胰岛素受体功能增强

经常的耐力运动能使肌细胞的胰岛素受体功能增强，改善组织与胰岛素的结合能力。胰岛素具有很强的抑制脂肪分解的作用，胰岛素减少伴有儿茶酚胺和生长激素的升高，结果加快了游离脂肪酸的利用。

（四）改善心肺功能，提高机体耐受性

运动加强了心肌的收缩力量，增加血管的弹性和发展血液循环的心外因素，从而提高对体力劳动的耐受力，在某种意义上，这比减肥更为重要。

四、减脂运动处方案例

（1）锻炼目的：减轻体重、保持和增强体力。

（2）耐力运动项目：如长距离步行或远足、自行车、游泳等。

（3）运动强度：60% ～ 70% HRmax（最大心率）或心率掌握在 120 ～ 150 次/分。

（4）运动时间和频度：每次 30 ～ 60 分钟，每周 3 ～ 4 次。

（5）处方程式和锻炼方法：① 准备活动 5 分钟，可做腰、腿等关节的轻微活动；② 慢走和快走交替 20 分钟，或走和慢跑交替 20 分钟；③ 基础体力活动 15 分钟，仰卧起坐 20 个，俯卧撑 20 个，立卧撑 20 次，抱膝跳 20 个，俯卧两头起 20 次；④ 整理活动 5 分钟。如果是青年人，则可增加一些游戏和球类活动，时间 20 ～ 30 分钟。以上全部活动共消耗热量 1254 ～ 1672 焦耳（300 ～ 400 卡），相当于体内 50 克左右脂肪所含热量。

（6）注意事项：锻炼前须做医学检查，判定身体状况；锻炼时轻松或过于吃力，可调节内容和锻炼次数；以锻炼后第二天不出现明显的疲劳感为宜；体力感到不适时，应调整运动量或暂停；运动疗法必须和饮食治疗相结合。

思考题

1. 简述发展运动能力的方法。

2. 体育锻炼原则包括哪些内容？

3. 如何安排一次锻炼？

4. 如何评价锻炼效果？

5. 简述运动处方的基本内容及制订原则。

6. 为什么运动能够减脂？

7. 如何通过运动控制体重？

第七章 体育锻炼的医务监督

第一节 体育锻炼的自我监督

一、自我监督的定义

　　自我监督是体育活动参加者在体育锻炼或训练过程中，对自己的健康状况和身体功能状况进行观察的一种方法。在运动中通过自我监督可以间接评定运动量和运动强度的大小，为制订运动负荷、及时发现过度疲劳、预防运动损伤提供依据。

二、自我监督的内容和方法

　　主观感觉：睡眠、食欲、排汗量。
　　自我监督指标：脉搏、体重、运动成绩。

（一）运动心情

　　状况好：心情愉快，乐于运动。
　　状况差：运动不感兴趣，表现冷淡和厌倦，情绪不稳定。

（二）不良感觉

　　运动后出现肌肉酸痛，四肢无力，这是正常的。如有心悸、头昏、头痛、气喘、恶心甚至呕吐，则说明身体状况较差。

（三）睡眠

状况好：入睡快、睡得沉，不做或少做梦。

状况差：失眠、多梦、嗜睡、反复易醒。

（四）食欲

正常：食欲正常，有饥饿感，想进食。随运动量增加，食量增加。运动后立即进食则食欲较差。

异常：食欲不振，食少。

（五）排汗量

排汗量受许多因素制约。正常情况下，随运动量增加，出汗增多。若小运动量时出汗多，或大运动量时出汗少或皮肤出现盐迹，则说明异常。

（六）脉搏（或心率）

基础脉搏（晨脉）：清晨清醒状态下卧床时脉搏，健康成人 60～80 次/分。基础脉搏受年龄、性别、机能状况、训练水平、身体姿势、体温等影响。

（1）正常情况下，晨脉不超过 3 次/分以上波动。

（2）数天内，如无紧张、失眠、饥饿、心理压力等原因，出现晨脉波动大，则预示身体状态不好。

（3）运动量评定。① 大运动量：休息 5～10 分钟后，脉搏恢复较运动前快 6～9 次/10 秒；② 中运动量：休息 5～10 分钟后，脉搏恢复较运动前快 2～5 次/10 秒；③ 小运动量：休息 5～10 分钟后，脉搏恢复到运动前水平。

（4）运动强度评定：一般人在运动中脉搏达到 85%HRmax（最大心率）或以上时，可表示为大强度；在 70%～85%HRmax 时，表示为中大强度；在 60%～70%HRmax 时，表示为中等强度；在 60%HRmax 以下时，表示为小强度。

（七）体重

开始系统锻炼的第一个月，体重会有所下降，随后体重呈上升趋势或保持不变。除非有减重目的，如体重出现"进行性下降"，则表示身体状况异常。

自我监督记录表见表 7-1-1。

表 7-1-1　自我监督记录表

姓名		填写日期				
主观感觉	一般感觉	良好	一般	不好	客观检查	脉搏
	运动心情	想练	一般	不想		体重
	睡眠	良好	一般	不好		血压
	食欲	良好	一般	不好		成绩及伤病
	排汗量	较多	一般	较少		

第二节　疲劳的判断和消除

一、疲劳的定义

疲劳是指由于活动使工作能力及身体机能暂时性降低的现象。一般来说，这是一时性的，经过适当休息就可逐渐恢复。它的出现告诉人们机体所承受的负荷已达到了相当大的程度。如果在主观上和客观上都有明显的疲劳感时仍继续给予机体负荷，就可引起过度疲劳，导致机体的病理性损害。因此，疲劳是一种生理现象。归纳起来，疲劳有以下特征：由体力或脑力活动引起；全身或局部器官、细胞产生暂时性机能降低；这种机能降低现象是可逆的，经过休息可以消除；伴有主观上的疲劳感。

二、疲劳的分类

（1）肌肉疲劳。肌力下降，肌肉收缩速度减慢，严重时肌肉出现僵硬、肿胀、疼痛，这可能是肌肉纤维损伤、乳酸积累所致。

（2）神经疲劳。大脑皮质功能下降，反应迟钝，判断失误，注意力不集中，动作不协调。

（3）内脏疲劳。呼吸肌疲劳，使呼吸表浅，节律紊乱，气体交换能力下降，心率细速。

（4）心理疲劳。情绪不稳定，易怒或消沉，记忆力下降。

三、疲劳的判断

主观感觉是根据自我表现评定身体疲劳的重要依据。锻炼后虽然机能下降，但自我感觉身体轻松、舒畅，食欲和睡眠良好，特别是运动后往往有继续运动的愿望，这说明这是适度运动的表现。如果运动后，感到头晕、恶心、胸闷，肌肉僵硬、酸胀，食欲不振，睡眠不好，特别是厌恶运动，则表示身体疲劳程度较深，超过机体的承受能力，应及时减少运动量，或暂时停止运动，待自我症状消失后，再进行运动。

运动者可根据疲劳自觉症状测定表（表7-2-1）确定疲劳程度。一般来说，体力活动后，A项内容较多，脑力活动后B、C项较多。可以根据体力或脑力疲劳的不同特点，参考表7-2-1中指标，总数越多，疲劳程度越深。

表 7-2-1 疲劳自觉症状测定表

	A. 症 状		B. 精神症状		C. 神经感觉症状
1	头痛	1	头昏眼花	1	眼睛疲劳，眼无神
2	头晕	2	思想不集中，厌于思考问题	2	眼发涩、发干
3	全身懒倦	3	不爱动，不爱说话	3	动作不灵活，动作错误多
4	身体局部无力	4	针扎似的痛	4	脚发软，步态不稳
5	肩发酸	5	困倦	5	味觉改变，嗅觉厌腻
6	气短	6	精神涣散	6	眩晕
7	腿无力	7	对事情不积极	7	眼皮或肌肉跳动
8	口干	8	记忆力减退	8	听觉迟钝，耳鸣
9	打哈欠	9	做事没信心，出错多	9	手脚发颤
10	出冷汗	10	对事情放心不下，事事操心	10	不能安静下来

四、常用的消除疲劳手段

（1）充足的睡眠。每天应保持8小时的睡眠，大运动量运动和比赛期，睡眠时间应延长。少年运动员每天应有10小时以上的睡眠时间。

（2）温水浴和局部热敷。温水浴可促进全身血液循环和新陈代谢，加速代谢产物排出，有利于营养物质的运输。水温一般在 40 ± 2℃，每次10～15分钟，勿超过 20 分钟，浴后睡眠最合适，温水浴一天不要超过 2 次。局部热敷加快局部血液循环，对神经末梢有安抚作用。热敷温度为 47～48℃，一般持续 5～10 分钟。运动前热敷可推迟疲劳出现。如持续参加比赛，则赛后温水浴时间和热敷时间应比平时短些。

（3）按摩。按摩是消除疲劳的重要手段，可以加快血液循环，提高内啡肽效应，缓解肌肉僵硬状态。

（4）积极性休息。积极性休息对因紧张比赛或大运动量训练后的精神疲劳有很好的缓解作用，有疗养、旅游、欣赏音乐等方法。

（5）合理营养。大量的热能消耗，碳水化合物和蛋白质等能源物质消耗是疲劳产生的主要原因，赛后或大运动量训练后，应加强对碳水化合物以及维生素C和维生素E、无机盐等物质的补充。

（6）合理安排运动量。运动训练的结果就是超量恢复，如果运动量和训练节奏安排不合理，就会导致疲劳的积累，出现过度疲劳。

第三节　运动损伤的预防和处理

一、运动损伤的预防

（一）树立安全意识

同学之间要团结友爱、互相帮助、互相保护。遵守锻炼纪律和比赛规则，服从裁判。

（二）做好充分的准备活动

准备活动的内容和量的安排，要根据学生的特点、气候条件和教学训练内容而定。一般认为，兴奋性较低者、训练水平高者、运动持续时间短或天气寒冷时，准备活动量可大些。相反，则准备活动量小些。特别要加强在运动中负担较大的部位或易伤部位的准备活动，绝不能马虎敷衍。准备活动要循序渐进。

（三）培养稳定的心理状态

要以愉快、轻松、平和的心理状态进行体育锻炼；锻炼时注意力要集中、思想不要开小差。

（四）加强自我监督，安排适宜的运动负荷

运动应遵守科学锻炼原则，不能急于求成。技术难度和运动负荷都要适合自己的健康、体能基础。盲目加大运动负荷或局部负担过大，会对身体带来不利。身体疲劳时要休息，避免在身体机能不良时进行剧烈的体育活动。

（五）加强保护与帮助

在进行器械练习或做一些难度较大的动作时，应该有熟悉保护方法的人在场保护与帮助，还要掌握自我保护方法。如摔倒时，要立即以肩背着地顺势团身翻滚，切不可直臂撑地；从高处跳下，要用前脚掌着地，两腿屈膝缓冲。

（六）检查场地设备，穿适宜的服装

锻炼前，要注意场地器材卫生，清除砖头、小石子或玻璃碎片。不要在固定不牢的器械上练习。锻炼时，身上不能佩戴尖利物件。服装质地要柔软、通气、吸水性能好。鞋子大小要合适。不穿塑料鞋或皮鞋进行锻炼。尽可能穿运动服和运动鞋。锻炼后，汗湿衣服要及时换掉。

（七）加强自我监督

加强自我监督，根据自身状况，调节训练内容和运动负荷。禁止带病、带伤训练和比赛。注意病愈或伤后的训练量和强度不要太大。

二、常见运动损伤的处理

（一）擦伤

擦伤指皮肤受到外力摩擦所致，皮肤表面有组织液渗出和出血点。对创口浅、面积小的擦伤，可用生理盐水（条件不允许时可采用冷开水或自来水）清洗创口，创口周围用75%酒精药棉螺旋擦拭消毒后，可贴上创口贴。关节部位擦

伤后一般用消炎软膏涂抹，并用无菌敷料覆盖包扎。对于创口较深、面积大的擦伤，要及时就医治疗。

（二）急性闭合性软组织损伤的处理

运动中急性闭合性软组织损伤常指挫伤、肌肉拉伤、关节扭伤等。根据病情发展过程，此类损伤可分为早期、中期和后期，应分别给予不同处理。

知识窗

挫伤处置的RICE步骤

Rest（休息）——立即停止挫伤肢体的运动。

Ice（冷敷）——即刻用凉水、冰等对挫伤部位进行10分钟的冷敷。如果挫伤比较严重，可以在2～3小时后再冷敷一次。

Compression（加压包扎）——如果挫伤部位发生肿胀，应用海绵或棉花垫在挫伤部位周围，再用弹力绷带或普通绷带加压包扎24～48小时。

Elevation（抬高肢体）——将挫伤的肢体抬高，以超过心脏的位置为宜。

1. 早期

早期指伤后24～48小时内，损伤局部出现红、肿、热、痛及功能障碍等征象。其处理原则主要是制动、止血、防肿、镇痛及减轻炎症，伤后立即采用RICE法进行处理。具体方法是受伤后尽早进行冷敷，轻伤一般15～30分钟，严重者1小时左右，冷敷结束后用绷带加压包扎并抬高伤肢休息，以后每隔4～6小时再冰敷20分钟左右。24小时后打开绷带，观察伤部，查看情况，重新评价，以便进一步处理。

2. 中期

中期指损伤48小时后到急性炎症逐渐消退，但伤部仍有淤血和肿胀。处理原则主要是改善伤部血液循环和淋巴循环，促进肿胀吸收，防止粘连形成。可采用热敷、按摩、针灸、封闭、外敷或洗药等疗法，并尽早开始适度活动，促进功能的尽快恢复。

3. 后期

肿胀、压痛已基本消失，损伤基本修复，但功能障碍仍然存在，运动时感到酸胀无力，个别出现伤部僵硬。处理原则主要是恢复和加强肌肉、关节功能。治疗方法是以按摩、理疗、支持带保护下的功能锻炼为主。

以上处理方法均应在经过认真学习、反复实践的基础上进行，不可贸然实施。如若伤者情况危急，请优先将其送医治疗，以免贻误伤情。

知识窗

网球肘

网球肘是指肘关节外侧在活动中疼痛，可向前臂外侧远处放射，在前臂旋后及伸肘动作时加重。

网球肘的预防：运动前后在前臂伸肌处及外上髁处按摩，加快血液循环，防止劳损发生。应加强腕、肘、肩部的力量配合，防止单纯用腕力。避免反复过度压腕、翻腕等大力扣杀动作。

网球肘的治疗：早期应停止局部活动，较严重者可用三角巾悬臂固定2～3周。部分伤者经休息可自行缓解。在早期按摩治疗有良好效果，然后配合局部理疗和针灸有一定疗效。

第四节　运动性疾病的处理

一、运动性腹痛

（一）症状和特点

发生部位多在上腹部，呈钝痛、胀痛，有的还出现在左上腹部或下腹部，有以下特点：多数安静时不痛，运动时痛。疼痛程度与负荷量大小和运动强度成正比，一般运动量小或慢速度运动时疼痛不明显；随着负荷量加大，运动速度加快和强度的增加，疼痛逐渐加剧。有的运动员仅在比赛时出现疼痛，减慢比赛速度，减小强度，或深呼吸或按压腹部，疼痛可减轻。除腹部疼痛外，一般不伴随其他特异性症状。腹痛性质一般与病因有关。

（1）胃肠道痉挛引起的腹痛，轻者胃钝痛、胀痛，重者绞痛。胃过饱或过空，可引起胃痉挛，疼痛部位在上腹部。运动前吃产气或不易消化食物，受凉引起肠疼痛，疼痛部位在脐部。

（2）肝脾淤血所致的腹痛多为胀痛或牵扯痛，准备活动不充分或运动强度增加过快，使下腔静脉血回流受阻，致使肝脾发生肿胀，被膜张力增加，牵扯被膜神经产生疼痛，肝痛在右上腹部，脾痛在左上腹部。

（3）呼吸肌痉挛引起的腹痛多在左右季肋部和下胸部。

（4）腹部器官慢性疾病较常见的有慢性肝炎，认为与肝被膜受炎症刺激有关。胆道疾病、肠炎、阑尾炎等也可引起腹部疼痛。

（二）预防和处理

预防：加强身体的全面锻炼，提高身体机能水平；遵守训练的科学原则，运动前充分进行准备活动，注意呼吸节奏；运动前不要吃得过饱，不要吃平时不习惯的食物，不宜空腹剧烈运动；如果经常发生腹痛，要请医生检查。

处理：出现运动性腹痛时，应减慢运动速度，降低运动强度，并做深呼吸，调整呼吸节奏，用手按住疼痛部位，或弯腰慢跑一段距离。胃肠道痉挛引起的腹痛可饮些热水缓解疼痛。如症状无改善，就应停止运动，点按足三里、内关、大肠俞等穴位。如无效，应请医生处理。

二、肌肉痉挛

肌肉痉挛（抽筋）是肌肉不自主的强直收缩，常发部位是小腿腓肠肌、屈趾肌和屈拇肌。

（一）病因与症状

寒冷刺激使肌肉兴奋性增高，运动时大量出汗使体内电解质大量丢失，肌肉舒缩失调或肌肉微细损失，是造成肌肉痉挛的主要原因。痉挛的肌肉僵硬、疼痛难忍，局部不能活动。

（二）预防和处理

预防的措施一般有如下几点。

（1）加强锻炼，提高机体的适应能力。

（2）剧烈运动前做好准备活动。

（3）游泳前用水刺激头、颈、背等部位，做好冷适应。

（4）夏季运动时及时补充水、电解质和维生素。

（5）疲劳或饥饿时，不宜进行剧烈运动，特别是游泳。

处理：缓慢牵伸痉挛肌肉，并配以局部按摩，如重压痛点、揉捏等。

三、运动性中暑

运动性中暑指肌肉运动时产生的热超过了身体散发的热而造成体内过热状态。夏季运动易发生中暑。

（一）中暑的临床表现及类型

（1）先兆中暑。患者大量出汗、口渴、头昏、眼花、恶心、全身乏力、注意力不集中、定向力障碍等。

（2）轻度中暑。除有先兆中暑症状外，还具有下列症候群之一者，均属轻度中暑。体温上升到38℃以上；面色潮红、皮肤灼热；面色苍白、呕吐、皮肤湿冷，脉搏细速、血压下降等循环衰竭表现。

（3）重症中暑。以下类型均属重症表现：中暑衰竭，主要表现为皮肤苍白，出冷汗，肢体软弱无力，脉搏细速，血压下降，呼吸表浅且快，体温变化较小，意识模糊；日射病，主要表现为剧烈头痛、头晕、耳鸣、呕吐、面色潮红、头温40℃以上，体温一般正常，严重者昏迷；中暑高热，主要表现为体温高达40～42℃，皮肤干燥灼热，头痛、恶心、全身乏力、脉搏快，神志模糊，严重时可引起脏器损害而死亡。

（二）现场急救措施

（1）迅速将患者抬到通风、阴凉、干爽的地方，使其平卧并解开衣扣，松开或脱去衣服。

（2）患者头部可捂上冷毛巾，可用50%酒精、白酒、冷水或冰水进行全身擦拭，然后用扇子扇风，加速散热。当体温降至38℃以下时，要停止一切冷敷。

（3）患者意识清醒时，可给一些清凉饮料，在补充水分时，可加入少量盐或小苏打。记住，千万不可急于补充大量水分，否则会引起呕吐、腹痛、恶心等症状。

（4）病人失去知觉，可让其嗅氨水，或指掐人中、合谷等穴，使其苏醒。如呼吸停止或心跳停止，应立即实施人工呼吸或心脏胸外按压术。尽快拨打急救电话。

（5）轻度中暑者，经上述处理后，一般休息2～3天，即可恢复健康。重症病人须立即送医院诊治。

（三）中暑的预防

（1）在炎热季节安排好练习时间。每小时的活动中至少安排10分钟休息时间，多安排早晚活动，延长午休时间，保证充足的睡眠，避免在一天中最热时间（10：00～16：00）安排活动。

（2）安排好活动期的营养和供水，适当增加蛋白质的供给量，设法提高食欲。多吃新鲜的水果和蔬菜，通过电解质饮料、菜汤或咸菜等方式补充无机盐。

（3）加强个人防护。在烈日下运动应戴遮阳帽，穿浅色、宽松、通气性良好的运动服；室内应有良好的通风、降温设备，室内活动人数不宜过多。平时注意在较热的环境中活动，逐步提高机体的耐热能力。

（4）加强医务监督。当运动中出现先兆中暑的症状时，应立即停止运动，到阴凉通风的地方休息，并给予清凉饮料和解暑药物。对于耐热能力较差、身体疲劳、饮水不足、饥饿或失眠的人，此时不宜参加体育活动。

（5）活动时必备防暑药物，并可选用薄荷、乌梅、荷叶等制成的饮料。

四、低血糖症

正常人在早晨空腹时血糖浓度一般为80～120毫克/100毫升，当血糖低于55毫克/100毫升时，就会出现一系列症状，称为低血糖症。在体育教学中易发生本症。

（一）发生原因与临床表现

运动中发生低血糖症，主要是由于长时间的剧烈运动使体内消耗大量血糖；其次是运动时饥饿，体内糖原储备不足，而又没有及时补充糖类物质，这是学生体育课上发生低血糖的主要原因。此外，赛前精神过于紧张、赛后强烈的失望情绪或患病等，都有可能导致低血糖症。

当出现低血糖症时，轻者有强烈的饥饿感、疲乏无力、心慌、头晕、皮肤苍白及出冷汗等。重者神志模糊、语言不清或精神错乱、手足颤抖、步态不稳，最后甚至昏倒。

（二）预防与处理

发生低血糖症时，首先让患者平卧、保暖，神志清醒者可供给糖水或进食少量流质食物，一般短时间后症状即可消失。昏迷者可指掐人中、合谷等穴促使其苏醒。应尽快拨打急救电话。此外，还可进行下肢按摩，以促进血液循环，加速乳酸转变为糖原。

对平时缺乏锻炼、患病未愈及饥饿者，不应参加长时间的剧烈运动；进行长时间的耐力运动前、运动中和运动后要适量补充含水分和运动饮料。

以上处理方法均应在经过认真学习、反复实践的基础上进行，不可贸然实施。如若患者情况危急，请优先将其送医治疗，以免贻误病情。

111

思考题

1. 运动中如何进行自我监督？
2. 如何判断疲劳？消除疲劳的常用方法有哪些？
3. 运动中如何预防运动损伤？急性闭合性软组织损伤如何处理？
4. 简述运动性腹痛、肌肉痉挛、中暑、低血糖症的预防和处理方法。

第八章 现代奥林匹克运动

第一节 奥林匹克基本知识

奥运会是奥林匹克运动的具体表现形式。在近百年的发展中，复兴后的现代奥运会在古代奥运会留下的丰富历史遗产的沃土中，在体育实践中不断完善和丰富起来，逐渐形成了现代奥林匹克运动体系，包括奥林匹克主义、奥林匹克精神、奥林匹克理想等。

一、奥林匹克主义

奥林匹克主义是现代奥林匹克运动的奠基人顾拜旦提出的，它是《奥林匹克宪章》基本原则的理论基础，是奥林匹克精神的核心。现代奥林匹克主义是一种生活哲学，它把提高人的体质、才智和意志素质结合为一个平衡的整体，把体育运动与文化和教育融合起来，创造了一种使人们在奋斗中寻求乐趣的生活方式。现代奥林匹克主义的最终目标是使体育运动为人的和谐发展服务，促进和建立一个维护人的尊严的和平社会。

二、奥林匹克精神

　　奥林匹克运动是人类历史不可分割的重要组成部分，是全世界团结、友谊、和平、进步的象征。四年一度的奥运会，已经成为世界上历史最悠久、规模最大的综合盛会。奥林匹克运动之所以具有这样强大的生命力，奥运会的规模如此迅速扩大经久不衰，根本原因在于其中所体现的奥林匹克精神。它已成为人类文化发展的宝贵结晶和精神财富，是奥林匹克运动深入发展的巨大动力，并在一定程度上推动着人类社会的不断发展和进步。奥林匹克精神的内涵极为丰富，集中体现在奥林匹克运动所一贯遵循的宗旨、格言、口号及会徽。

　　"和平、友谊、进步"是奥林匹克宗旨的高度概括，这不仅是奥林匹克运动会最基本的出发点，而且也是奥林匹克精神的重要内容之一。世界各国人民和运动员遵循这一宗旨相聚在奥运会上，增进友谊，交流技艺，共同提高运动水平，推动奥林匹克运动的发展。奥林匹克运动的宗旨与人类社会正义事业所需达到的目标是一致的，一定程度上满足了现代国际社会的需要。

　　2021年7月，国际奥委会第138次全会2投票表决，同意在奥林匹克格言"更快、更高、更强"之后，加入"更团结"。这体现了一种敢于拼搏、不断进取、永远奋发向上的体育精神。它不仅具有鲜明的体育运动的竞技特色，激励着运动员在赛场上奋勇拼搏，争取最好成绩，同时也激励着社会中每一个人在生活的各个方面不断超越自己，不断创新提高，反映了奥林匹克运动的进步性。

　　"参与比取胜更重要"这句口号，反映了奥林匹克运动的国际性和广泛的群众性。全世界不同种族、不同肤色的运动员在同一旗帜下平等地参加比赛，在竞赛中不仅要争夺奖牌，更重要的是交流友谊，切磋技艺，增进相互间的理解和信任，对正确认识奥林匹克运动的目的有重要意义。

　　奥林匹克五环会徽象征着五大洲的团结，以及全世界的运动员彼此公正坦率的理解和信任，对正确认识奥林匹克运动的目的有重要意义。

　　奥林匹克精神概括起来，就是世界各国运动员遵循"和平、友谊、进步"的宗旨积极参加奥运会，在"更快、更高、更强——更团结"的格言下，以公正、坦率和友好的态度进行比赛，从而增进各国人民和运动员之间的友谊，促进运动技术的提高。奥林匹克精神蕴含了公正、平等、正义的内容，它承认一切符合公正原则的优胜，谴责一切不符合道德规范的行为，要求人们具有坚韧不拔的进取精神和克服一切困难的坚强意志。

三、奥林匹克理想

奥林匹克理想指通过体育运动与教育的结合，使人类逐步向协调和谐、全面发展与尽善尽美前进，建立一个符合人们期望的理想社会。奥林匹克主义和精神所倡导的人的全面发展、人类社会的和谐公正、未来生活的和平美好，符合人类社会发展所追求的崇高目标。它在一定程度上满足了现代社会对于人类社会正义事业所需达到的目标。因而，它也越来越受到全世界的响应、参与和推动。

奥林匹克理想期望建立一个没有任何歧视的社会，培养人们之间真诚的理解和友谊，永远在平等的条件下为获得荣誉公平竞争，为人们在社会的其他领域树立了一个独特而光辉的榜样。

奥林匹克理想的初级活动形式是奥林匹克运动。它是永恒的，不分男女老少，不分运动水平高低，面向所有的社会阶层，包括一切运动和竞技项目。奥林匹克运动的目的就是参与——这也是奥林匹克理想的基本点。

奥林匹克运动是人们学习奥林匹克宗旨、理想、主义及奥林匹克精神的永恒的学校。人们将它视为生活的原则，并进一步发展到社会生活的各个领域。

所有的体育活动都是奥林匹克理想的组成部分。奥林匹克运动是对大众而言的，它的目标不是让少数人去赢得金牌，而是为所有的人提供机会，让不同年龄、性别的人们都去进行体育锻炼。它的口号是"体育为大众"。

在参加体育运动的千百万人中，只有少数杰出的人才能参加奥林匹克伟大的和平的世界庆典——奥运会。因此，如果没有奥林匹克运动漫长而不懈的努力，就不可能在大众中间普及和加强奥林匹克精神意识。奥林匹克运动和奥运会保证了奥林匹克精神的实现，二者是一个有机的整体，不能分割。

第二节 现代奥林匹克运动

一、现代奥运会的起源

现代奥林匹克运动的创始人是法国教育家皮埃尔·德·顾拜旦。现代奥林匹克运动是近代资本主义发展的必然产物，也是近代体育思想形成后在欧洲各地广泛传播的必然结果。在顾拜旦的倡导下，1894 年成立了国际奥林匹克委员会；1896 年在希腊雅典举行了第 1 届现代奥运会，标志着体育运动进入了一个崭新的时代。

现代奥运会受古希腊文化遗产的深刻影响，但它不是古代奥运会的延续，更不是它的翻版，而是带有古希腊奥运会传统色彩的、具有现代思想内涵的国际体育盛会。作为一种文化现象，奥林匹克主义以竞技的形式，将不同肤色、不同文化背景的民族紧密地联系在一起，对人类社会和人类的文明产生了深刻的影响；作为一种体育现象，奥运会是人类探索体能极限的平台。奥运会纪录、奖牌成为运动员追求的崇高目标。

奥林匹克运动已成为参与国家和地区众多、具有巨大吸引力和凝聚力的一项全球性体育活动。

现代奥林匹克运动会包括夏季奥运会、冬季奥运会和残疾人奥运会。

115

> **知识窗**
>
> **第1届现代奥林匹克运动会**
>
> 1896年4月6日～25日，在希腊雅典举行了第1届现代奥林匹克运动会，共有澳大利亚、奥地利、保加利亚、英国、匈牙利、德国、丹麦、美国、法国、智利、瑞士、瑞典和东道主希腊13个国家的311名运动员参加了9个项目的比赛。

二、现代奥林匹克运动的发展

奥林匹克运动自 1894 年国际奥委会成立至今，已经历了一个多世纪的历程。其发展可分为四个阶段。

（一）奥林匹克运动初期（1894—1914 年）

现代体育仅在少数欧洲国家有所开展，世界范围的体育活动很少进行，此阶段的各届奥运会都是根据主办国的意愿安排，随意性较大，而且各种设施及比赛规则都很不完善。国际奥委会及一些单项体育运动组织都只是一些松散的机构。

这种状况到 1908 年伦敦奥运会才有了一定的改观。运动竞赛有了一定的规范，为未来奥运会构建了一个基本模式。这一时期最成功的奥运会是 1912 年的第 5 届奥运会，从参赛国家、运动员人数、比赛设施到组织等都有了一定的提高。

（二）奥林匹克模式基本形成（1914—1939 年）

因世界大战而中断数年的奥林匹克运动会于 1920 年重新进行，经过第一阶段的实践，奥林匹克运动的组织者意识到奥运会规范化的重要性，在第一阶段初步形成框架的基础上，逐步健全奥运会的各项制度，使其在组织化、规范化方面大大前进了一步。整个奥运会的基本框架、运行机制和基本特征在这一时期基本形成，使体育表现的比赛项目逐渐合理、比赛设施进一步完善、比赛时间有了限制。先进的技术充分用到比赛中，如电子计时、终点摄影、自动印刷、有线电视等。自 1928 年，女子田径项目纳入正式比赛。这一重要变化对奥林匹克运动的普及性和号召力起到了很好的推动作用。这段时期的另一个重要发展是 1924 年开始有了冬季奥运会，将奥林匹克运动扩展到寒冷的冬天。在这一时期，奥林匹克运动的组织机构也得到发展，如 1936 年奥委会由第一次世界大战前的 29 个增加到 60 个。与此同时，各国际单项体育联合会也相继成立，初步形成国际奥委会、国际单项体育联合会和国家奥委会"三大支柱"各司其职的局面。

现代奥运会的举办周期是如何确定的?

古代奥运会的举办周期已制度化,从公元前776年开始,每4年一次,在1169年中从未间断地举行了293届,这是人类历史上的一个奇迹。1894年在巴黎召开的国际体育运动代表大会上,全体代表一致同意现代奥运会也每4年在夏天举办一次。顾拜旦指出:"奥运会的庆祝活动必须准确地按照天体运行的节奏举行,它是庆祝4年一度的人类佳节的组成部分。意外的情况可能会阻止它的召开,但各届的顺序绝不改变。"因此,按期举办奥运会成了国际奥委会的一个原则。这项规定使奥运会从创立开始就形成了制度化,为奥运会连续不断地按一定的周期举行提供了保证。

(三)奥林匹克运动的发展(1946—1980年)

正如顾拜旦所期望的那样,奥运会已在不同的大洲举办,各洲的地区运动会和残疾人运动会也已举办。随着体育场馆的改善和先进运动器材的引进,奥运会规模越来越大,艺术性越来越强。

奥运会期间奥林匹克圣火的使用

奥林匹克运动会组委会负责把奥林匹克圣火传入奥林匹克运动会会场。由有关国家奥委会主持的庆祝奥林匹克圣火的传送和到达的仪式,必须尊重奥林匹克礼仪。国际奥委会执行委员会应批准与奥林匹克圣火有关的火炬传递的一切安排。

(四)奥林匹克运动的改革和发展期(1980年至今)

自20世纪80年代以来,国际奥委会成立了专职的总部,保证了一个组织结构和功能比较健全的首脑机构对各方面的领导。法律上自1981年起第一次有了自己的正式法律地位,能以法人的身份参与处理各种重大事务。在经济上,大胆进行商业性开发。通过各种活动创造财富，为奥林匹克运动的发展创造良好的经济基础。

这一时期国际奥委会与各国政府进行合作，但同时明确指出国际奥委会保持自己的独立性。国际奥委会对其施加抑制的手段允许商业的介入，这种务实的态度促进了奥林匹克运动向健康的方向发展。

知识窗

奥运会的颁奖仪式

颁奖仪式是奥运会上最让获奖运动员和观众激动的时刻。它的举行必须根据国际奥委会规定的礼仪：在奥运会期间，奖章应由国际奥委会主席（或由他选定的委员）在有关的国际单项体育联合会主席（或其代表）陪同下颁发。如果可能，在每项比赛结束后，立即在举行比赛的场地以下述方式颁奖：获得前三名的运动员身着正式服装或运动服登上领奖台，面向官员席。冠军站的位置比亚军（右侧）和季军（左侧）站的位置稍高。然后宣布他们的名字和其他奖章获得者的名字。冠军代表团的旗帜应从中央旗杆升起，第2名和第3名的代表团的旗帜分别从紧靠中央旗杆右侧和左侧的旗杆升起。奏冠军代表团的（节略的）国歌时，奖章获得者应面向旗帜。颁奖仪式庄严、隆重，激动人心，许多运动员望着国旗冉冉升起禁不住流下眼泪。

三、21 世纪奥林匹克运动的走向

托马斯·巴赫出任国际奥委会主席之后提出："国际奥委会《奥林匹克 2020 议程》把全世界青年参与奥林匹克运动作为核心，同时这也是未来奥林匹克运动发展的战略构想。我们相信，体育的未来以及世界的未来都掌握在青年人手中。"

第三节　奥林匹克运动与中国

一、奥林匹克运动与中国百年圆梦

（一）悲喜百年奥运路

国强则体育强，国弱则体育弱。中华人民共和国成立后，中国的体育运动随之大有进步，中国与奥运的关系呈现出多层面的交往，中国国力的强盛把中国和奥运紧紧地联系在一起。

中国和奥运结缘的百年间，经历了很多体育史上的第一次。这些第一次在多灾多难的中国，是艰辛的第一次，是血泪的第一次！但是，对于强盛的中华人民共和国，已不再是艰辛、悲伤的第一次，而是欢乐、幸福的第一次。

中华民族作为奥林匹克运动的热爱者和实践者，19世纪初便与奥林匹克运动结缘。在中华人民共和国成立后，经过20多年的不懈努力，中国终于在1979年重返奥林匹克大家庭，翻开了中国与奥林匹克运动的崭新篇章。中国在奥林匹克运动中屡创佳绩，在弘扬奥林匹克精神、促进体育与文化协调发展、加强与世界各国人民的友谊中做出了杰出贡献。无与伦比的北京奥运会，带给世界惊喜，彰显国人自豪。百年来中国体育事业与奥林匹克运动的发展，是我国社会进步与发展的缩影，更是中华民族努力实现伟大复兴的精彩写照。

119

知识窗

国际奥委会中最早的三位中国委员

1922—1947年，有3位中国人先后当选为国际奥委会委员，他们是王正廷、孔祥熙和董守义。

1.艰辛的第一次

20 世纪末,张伯苓说:"奥运举办之日,就是我中华腾飞之时!"1908 年,《天津青年》杂志向国人提出三个问题:中国何时才能派一位选手参加奥运会? 中国何时才能派一支队伍参加奥运会? 中国何时才能举办奥运会! 在当时,奥运会对国人来说,是多么遥远而陌生!

1932 年,洛杉矶奥运会。那时中国唯一成绩能达到奥运会报名资格的是东北 100 米短跑选手刘长春。在张学良将军的慷慨解囊下,经历了无数艰辛,冲破重重险阻,刘长春坐船一个月,最后到达洛杉矶,代表中国"单刀赴会"。这是我国走进奥运赛场的第一人。

刘长春第一次,也是中国第一次走进奥运赛场,无疑是一个新的开端。刘长春脚蹬奥运跑道,背负的是中华民族的希望!

1945 年,中华全国体育协进会第 2 届理监会议上,中国历史上的第一位国际奥委会委员王正廷,第一次提出了 1952 年第 15 届奥运会在我国举办的设想,这个满含提高民族自信心、重塑民族自尊心的提案,当时被一致通过。

1991 年,中国第一次申办 2000 年第 27 届奥运会,在摩纳哥蒙特卡洛举行的国际奥委会第 101 次全体会议上,北京前三轮分别得 32 票、37 票、40 票,始终领先,紧追北京的是悉尼票数分别是:30 票、30 票和 37 票。但在第四轮最后一次投票中,北京以 2 票之差惜败悉尼。

风雨过后有彩虹,从 20 世纪初,《天津青年》发出奥运第一声呐喊,到 1993 年中国正式向国际奥委会提出承办奥运会的申请未果,中国人已经走过将近 100 年。这 100 年中,古老中国发生了翻天覆地的变化,中华民族英勇拼搏、追求复兴、奋力崛起,也力争奥运圣火在中国奥运赛场点亮。中国申办奥运的成功,实现了百年来中华儿女的期盼,中华圆梦了。

2.喜悦、幸福的第一次

首次夺得奥运会金牌的是许海峰。历史经常是惊人的巧合,距离中国第一名运动员刘长春参加奥运会之后 50 年,在 1984 年第 23 届奥运会上,中国男子自选手枪慢射运动员许海峰"一鸣惊人",以 566 环夺得该项目金牌。这是本届奥运会首枚金牌和中国历史上的第一枚奥运金牌,国际奥委会主席萨马兰奇为许海峰颁奖时说:"今天是中国体育史上伟大的一天。"

首次提出中国要申办奥运会的国家领导人是邓小平。1990 年他视察亚运村

120

时说:"办完亚运会就要办奥运会。举办奥运会,对振奋民族精神,振兴经济都有好处。"改革开放之初的中国,提出申办奥运会的设想,是中国走向富强和走向世界的伟大理想和美好象征。

2001年7月13日,是中国人民永难忘记的日子。这一天,国际奥委会第112次全体会议在莫斯科举行,北京、巴黎、多伦多、大阪激烈角逐2008年奥运会的申办权。北京奥申委力推"新北京,新奥运"的申办口号和承办奥运会的承诺。何振梁先生以英、法两种语言交替陈述,深深地感动了国际奥委会的委员们。国际奥委会选择了北京!中国赢了!

(二)新北京,新奥运

举世瞩目、举国期待的第29届奥运会,于2008年8月8日至24日在北京举行。这是奥林匹克运动盛会有史以来第一次来到一个占世界人口1/5的文明古国,来到全球最大的发展中国家!这是世界目光聚集、万众期待、振奋人心的时刻。

北京奥运会是弘扬奥林匹克精神,推动奥林匹克运动会的普及和发展,增进我国和世界各国人民的相互了解和友谊,促进中外文化交流,展示中华五千年文化传统礼仪和人民蓬勃向上的精神风貌,展示我国改革开放和现代化建设成就的世纪盛会。

"绿色奥运、科技奥运、人文奥运"是北京奥运会的三大理念。绿色奥运强调对环境的保护,主旨在于创造一个"绿色"、健康的环境;科技奥运注重在奥运会中广泛应用现代科学技术,推动奥林匹克运动乃至人类社会更快、更协调地发展;人文奥运的宗旨在于不断提高人的素养,培育人文精神,促进人自身的全面、协调发展。这三个理念统一于一体,就是要在健康的环境中,依靠现代科技的推动,实现人的身心全面、和谐发展。

北京以她丰厚的历史文化底蕴、宽广的人文胸怀和高速发展的现代科学技术水平,面向世界、面向未来,用她与世界发展与时俱进的新理念,满怀信心地结束了人类文化中的体育盛会——2008年奥林匹克运动会。

知识窗

北京2008年奥运会会徽的含义

"中国印·舞动的北京"是北京2008年奥运会会徽的名称，传达和代表了三层含义：一是会徽以中国传统文化符号印章作为标志主体图案表现形式，选用中国传统颜色——红色作为主题图案基准色，体现了中国文化的特点，代表着民族与国家，代表着喜庆与祥和。二是作品主体部分又似"京"字，又似舞动的"人"张开双臂，潇洒飘逸，寓意舞动的北京，充分反映了当今中国既拥有灿烂悠久的历史又充满现代气息，传递着友好、真诚与热情。三是作品中巧妙地幻化成向前奔跑、迎接胜利的人形，充分体现了奥林匹克更快、更高、更强的宗旨，强调了以运动员为主体和健康向上的精神，充满动感与活力。

（三）北京2022年冬奥会

2015年7月31日，在马来西亚吉隆坡举行的国际奥委会第128次全会上，国际奥委会主席巴赫宣布中国北京获得2022年第24届冬季奥林匹克运动会举办权。北京也成为第一个既举办过夏奥会又举办冬奥会的城市。2022年冬奥会设15个大项，109个小项。

从2008年百年奥运梦圆，到2022年与奥林匹克运动再度携手，北京成为历史上首座"双奥之城"。过去16天，北京见证竞技体育的荣耀与梦想，凝聚人类社会的团结与友谊。五环旗下，来自91个国家和地区的近3000名运动员奋力拼搏、挑战极限、超越自我，刷新了2项世界纪录和17项冬奥会纪录，奏响"更快、更高、更强——更团结"的华彩乐章。中国克服疫情影响，为举办一届简约、安全、精彩的冬奥会付出巨大努力，一流的比赛场馆设施，出色的组织服务工作，赢得了奥林匹克大家庭和国际社会的广泛好评。

徐梦桃：五星红旗，你是我的骄傲

徐梦桃，2022年北京冬奥会自由式滑雪女子空中技巧冠军，党的二十大代表。

在众多雪上项目中，自由式滑雪空中技巧是中国队率先取得冬奥金牌突破的领域。在北京冬奥会前，徐梦桃已经有了三届冬奥会失利的经历。2022年，徐梦桃第四次挑战自我，果断选择将最后一跳难度拉满。她最终完美落地，不负期望，为中国女子自由式滑雪空中技巧实现了冬奥金牌"零"的突破！

二、奥林匹克运动与中华体育精神

奥林匹克运动的发展需要中国。当今的奥林匹克运动是一个开放的世界性文化体系，而广泛吸纳人类各民族文化的精华，则是其生存与发展的必然选择。中华体育精神是中华民族精神与体育精神的结晶，是中华民族精神在体育方面的展现和浓缩，是中国人民在体育实践活动中所形成的以为国争光、无私奉献、科学求实、遵纪守法、团结协作、顽强拼搏为主要内容的思想观念和价值观念。中华体育精神继承了我国传统体育文化的优点，具有丰富的文化内涵，体现着中华民族在体育运动方面的价值理想和价值追求。

中华体育精神的核心是为祖国荣誉而战的爱国主义精神，体现了中华儿女"天下兴亡，匹夫有责"的忧患意识和爱国奉献的思想价值。中华体育精神所表现的是不怕挫折、勇于拼搏、敢于胜利的英雄主义精神，体现了体育运动超越自我、追求卓越、拼搏自强的精神价值。中华体育精神所追求的自尊自信、快乐开朗的人本精神，体现了参加体育运动的人追求活力、健康、快乐的运动价值。中华体育精神所蕴含的求实创新的公平竞争精神，体现了体育竞赛追求公开、公平、公正的竞争环境，以及自由、平等、规范的目标价值。中华体育精神倡导信任宽容、协作互助的团队精神，既注重个体的独特价值，又追求团队成员间的相互团结与密切合作价值。

奥林匹克运动在中国得以普及，具有世界性的意义；奥林匹克文化把博大精深、气势恢宏，且充满东方文化魅力的中国传统体育，纳入自己的文化体系中，具有完整性的意义。尤其是进入21世纪后，中国已经发展成为一个在政治、经济、文化、体育诸方面对世界有着重大影响的国家。在当前世界文化多元化的格局中，中国在国际奥林匹克运动中的地位和作用，是任何一个国家所不能替代的。而中国运动员在奥运会上的杰出表现，则使世人认识到没有中国运动员参加的奥运会是不完整的奥运会。因此，奥林匹克运动的发展需要中国传统文化的介入，更需要中国人民及其民族传统体育所做出的贡献。

奥林匹克运动"参与""竞争""奋斗"和"自我超越"精神所倡导的，正是让人从无休止的物质追求中解脱出来，以天真无邪的童心，投身到源于游戏的体育运动中，进而通过奋力拼搏、超越自我、挑战自然的过程，得到成功的情感体验和直抵心灵的精神享受。它与"社会主义使人类社会从注重物质生活转变为注重精神生活；使人类在创造性劳动和审美中实现自我价值，使人类最终建立起一种朴素的生活方式"的目标不谋而合。因此，它是建设具有中国特色的社会主义事业迫切需要的文化力量。奥林匹克运动与中国传统体育文化的互补。奥林匹克运动和中国传统体育，踏上了双向交流、互为补充、相得益彰的坦途。

奥林匹克运动注重人体物质形态的塑造，中国传统体育强调对人的精神世界的塑造；奥林匹克运动追求人体单项运动机能的提高，中国传统体育关注人的整体健康养护；奥林匹克运动看重科学训练，中国传统体育讲究人文关怀；两者间的相互补充、交融，无疑是人类体育文化走向极致的必由之路。

奥林匹克运动在倡导社会民主与和平，开掘人体运动潜能，满足人们审美需求等方面的社会学价值和中国传统体育在缓解人类精神紧张，维护人类健康等方面的卫生学价值，必将得到更充分的体现。这两种来自不同文化母体的体育文化，也必将在更高层次上不断融合成巨大的文化力量，更深刻地作用于人类，更强烈地干预社会，给人类社会带来和平、民主、进步、团结和友谊。

思政园地

党的二十大报告指出："我们成功举办北京冬奥会、冬残奥会，青年一代更加积极向上，全党全国各族人民文化自信明显增强、精神面貌更加奋发昂扬。"中华体育精神作为中华民族精神的重要组成部分，为源远流长的中华文化谱系和灿烂的世界体育文化谱系增添了一道亮丽的光谱，支撑着一代代体育工作者取得非凡的体育成就，新时代必将汇聚体育强国建设的磅礴力量，继续凝神聚气、赋能提振，同时丰富现代奥林匹克精神和新时代中华体育精神的内涵。

三、奥林匹克运动与我国高等教育

　　我国高等教育的任务是贯彻立德树人的根本目标，培养符合社会需要的全面发展的社会主义事业的接班人。将奥林匹克精神教育引入高校体育课进行系统教育必将有助于培养当代大学生具备强健的体魄、坚强的意志、高尚的品质、崇高的体育精神等现代人必备的基本素质。随着奥运会的发展，对参与服务奥林匹克运动的各类人才的专业知识要求也越来越高。

　　奥林匹克主义是关于奥林匹克运动的主张。在过去的上百年间，它不仅产生了不可估量的社会效果，影响着世界政治、经济、文化、教育事业，推动人类文明的进程，而且其存在的价值和意义已经远远地超出了奥运会本身的范畴。奥林匹克教育是奥林匹克运动重要的组成部分，奥林匹克主义是奥林匹克教育的核心内容，在高校加强奥林匹克主义为核心的奥林匹克教育，能体现奥林匹克主义的宗旨和精神，也符合我国高校的教育方针与目标，有利于大学生品德素质的培养与提高。从文化的角度去了解奥林匹克运动，对丰富大学生的知识结构，开阔知识视野有着重要的意义，对实现我国的教育方针和达到高等教育培养目标也起着巨大的推动作用。

　　竞技运动所表现的伦理价值和教育价值就是顾拜旦所推崇的公平竞赛的运动道德，他从恢复现代奥林匹克运动开始，就是以教育为主线。他认为"在现代人的生活中最重要的是教育"。无论过去、现在、甚至将来，教育都是奥林匹克主义永恒不变的核心主题。从这一思想出发，他的基本目的不是以奥林匹克运动推广竞技运动，而是把竞技运动纳入教育，把体育纳入一般教育，进而把一般教育纳入人类文化和生活的过程之中。运动、训练、竞赛的体验不仅提高了人们的身体、精神、社会和道德的多方面品质，还能够为青少年的自我实现提供良好的机会。大学生是社会中文化层次较高的群体，对奥林匹克运动表现出很高的热情。世界多数国家，大学生是发展高水平竞技体育、创新奥林匹克教育的主力。由于年龄特点与文化素质的优势，在各国竞技和群众体育中，大学生在奥运会上不仅是主要参与者，更是积极支持者，在奥运会志愿者中占有相当的比例，对奥运会科技方面也提供了充分的支持。

　　纵观我国不同历史时期提出的教育方针，尽管反映了不同历史时期国家发展对教育提出的不同要求，但是培养全面发展的劳动者始终是我国高等教育的方针和主旨。而这与奥林匹克主义强调人的全面发展，包括身体、意志、精神的和谐发展这一教育主旨是基本一致的。我国的教育目的有明确的规定，即"培养德、智、体、美、劳全面发展的社会主义建设者与接班人"。作为高等教育目的具体化的高等学校的教育培养目标则涵盖了高等教育系统中不同层次，不同类型学校所培养的人的基本要求。体育是全面发展教育的基础；智育是全面发展教育的核心；德育是全面发展教育的方向和动力，而这些都表明是与奥林匹克主义的教育宗旨是基本吻合的。将奥林匹克主义的内容纳入大学生系统教育中去，让身心发展处于最关键时期的大学生接受奥林匹克主义的系统教育，有利于丰富学生的学习内容，开阔眼界，陶冶情操，形成正确高尚的人生观、价值观。

思考题

1. 第1届现代奥运会是在哪里举办的？
2. 现代奥林匹克的发展经历了几个时期？
3. 北京2008年奥运会的三大理念是什么？
4. 奥林匹克精神对我国经济发展有什么积极意义？
5. 简述奥林匹克运动与我国高等教育的关系。

第九章　学生体质健康测试

第一节　《国家学生体质健康标准（2014 年修订）》简介 *

一、说明

　　本标准从身体形态、身体机能和身体素质等方面综合评定学生的体质健康水平，是促进学生体质健康发展、激励学生积极进行身体锻炼的教育手段，是国家学生发展核心素养体系和学业质量标准的重要组成部分，是学生体质健康的个体评价标准。

　　本标准将适用对象中的高校部分分为以下组别：大学一、二年级为一组，三、四年级为一组。

　　大学各组别的测试指标均为必测指标。其中，身体形态类中的身高、体重，身体机能类中的肺活量，以及身体素质类中的 50 米跑、坐位体前屈为各年级学生共性指标。

　　本标准的学年总分由标准分与附加分之和构成，满分为 120 分。标准分由各

---

　　* 节选自教育部印发的《国家学生体质健康标准（2014 年修订）》，略有改动。

单项指标得分与权重乘积之和组成，满分为 100 分。附加分根据实测成绩确定，即对成绩超过 100 分的加分指标进行加分，满分为 20 分；大学的加分指标为男生引体向上和 1000 米跑，女生 1 分钟仰卧起坐和 800 米跑，各指标加分幅度均为 10 分。

根据学生学年总分评定等级：90.0 分及以上为优秀，80.0～89.9 分为良好，60.0～79.9 分为及格，59.9 分及以下为不及格。

每个学生每学年评定一次，记入《〈国家学生体质健康标准〉登记卡》。特殊学制的学校，在填写登记卡时可以按规定和需求相应地增减栏目。学生毕业时的成绩和等级，按毕业当年学年总分的 50% 与其他学年总分平均得分的 50% 之和进行评定。

学生测试成绩评定达到良好及以上者，方可参加评优与评奖；成绩达到优秀者，方可获体育奖学分。测试成绩评定不及格者，在本学年度准予补测一次，补测仍不及格，则学年成绩评定为不及格。普通高等学校学生毕业时，《国家学生体质健康标准》（以下简称《标准》）测试的成绩达不到 50 分者按结业或肄业处理。

学生因病或残疾可向学校提交暂缓或免予执行《标准》的申请，经医疗单位证明，体育教学部门核准，可暂缓或免予执行《标准》，并填写《免予执行〈国家学生体质健康标准〉申请表》，存入学生档案。确实丧失运动能力、被免予执行《标准》的残疾学生，仍可参加评优与评奖，毕业时《标准》成绩需注明免测。

各学校每学年开展覆盖本校各年级学生的《标准》测试工作，《标准》测试数据经当地教育行政部门按要求审核后，通过"中国学生体质健康网"上传至"国家学生体质健康标准数据管理系统"。测试和数据上传时间由教育行政部门确定。

本标准由教育部负责解释。

二、单项指标与权重

大学各年级单项指标与权重见表 9-1-1。

表 9-1-1 大学各年级测试指标与权重

测试对象	单项指标	权重
大学各年级	体重指数（BMI）	15%
	肺活量	15%
	50 米跑	20%
	坐位体前屈	10%
	立定跳远	10%
	引体向上（男）/ 1 分钟仰卧起坐（女）	10%
	1000 米跑（男）/ 800 米跑（女）	20%

注：体重指数（BMI）= 体重（千克）/ 身高^2（米^2）。

三、评分表

《国家学生体质健康标准（2014 年修订）》中大学阶段的评分表见表 9-1-2 至表 9-1-8。

表 9-1-2 体重指数（BMI）单项评分表

等级	单项得分	大学男生 /（千克·米$^{-2}$）	大学女生 /（千克·米$^{-2}$）
正常	100	17.9 ～ 23.9	17.2 ～ 23.9
低体重	80	≤ 17.8	≤ 17.1
超重		24.0 ～ 27.9	24.0 ～ 27.9
肥胖	60	≥ 28.0	≥ 28.0

129

表 9-1-3 大学男生各测试项目评分表一

大一、大二适用

等级	单项得分	肺活量 /毫升	50 米跑 /秒	坐位体前屈 /厘米	立定跳远 /厘米	引体向上 /次	耐力跑 1000 米 /（分：秒）
优秀	100	5040	6.7	24.9	273	19	3:17
	95	4920	6.8	23.1	268	18	3:22
	90	4800	6.9	21.3	263	17	3:27
良好	85	4550	7.0	19.5	256	16	3:34
	80	4300	7.1	17.7	248	15	3:42

等级	单项得分	肺活量/毫升	50米跑/秒	坐位体前屈/厘米	立定跳远/厘米	引体向上/次	耐力跑1000米/（分：秒）
及格	78	4180	7.3	16.3	244		3:47
	76	4060	7.5	14.9	240	14	3:52
	74	3940	7.7	13.5	236		3:57
	72	3820	7.9	12.1	232	13	4:02
	70	3700	8.1	10.7	228		4:07
	68	3580	8.3	9.3	224	12	4:12
	66	3460	8.5	7.9	220		4:17
	64	3340	8.7	6.5	216	11	4:22
	62	3220	8.9	5.1	212		4:27
	60	3100	9.1	3.7	208	10	4:32
不及格	50	2940	9.3	2.7	203	9	4:52
	40	2780	9.5	1.7	198	8	5:12
	30	2620	9.7	0.7	193	7	5:32
	20	2460	9.9	−0.3	188	6	5:52
	10	2300	10.1	−1.3	183	5	6:12

表 9-1-4　大学男生各测试项目评分表二

大三、大四适用

等级	单项得分	肺活量/毫升	50米跑/秒	坐位体前屈/厘米	立定跳远/厘米	引体向上/次	耐力跑1000米/（分：秒）
优秀	100	5140	6.6	25.1	275	20	3:15
	95	5020	6.7	23.3	270	19	3:20
	90	4900	6.8	21.5	265	18	3:25
良好	85	4650	6.9	19.9	258	17	3:32
	80	4400	7.0	18.2	250	16	3:40
及格	78	4280	7.2	16.8	246		3:45
	76	4160	7.4	15.4	242	15	3:50
	74	4040	7.6	14.0	238		3:55
	72	3920	7.8	12.6	234	14	4:00
	70	3800	8.0	11.2	230		4:05
	68	3680	8.2	9.8	226	13	4:10
	66	3560	8.4	8.4	222		4:15
	64	3440	8.6	7.0	218	12	4:20
	62	3320	8.8	5.6	214		4:25
	60	3200	9.0	4.2	210	11	4:30

续表

等级	单项得分	肺活量/毫升	50 米跑/秒	坐位体前屈/厘米	立定跳远/厘米	引体向上/次	耐力跑 1000 米/（分：秒）
	50	3030	9.2	3.2	205	10	4:50
	40	2860	9.4	2.2	200	9	5:10
不及格	30	2690	9.6	1.2	195	8	5:30
	20	2520	9.8	0.2	190	7	5:50
	10	2350	10.0	−0.8	185	6	6:10

表 9-1-5　大学女生各测试项目评分表一

大一、大二适用

等级	单项得分	肺活量/毫升	50 米跑/秒	坐位体前屈/厘米	立定跳远/厘米	1 分钟仰卧起坐/次	耐力跑 800 米/（分：秒）
	100	3400	7.5	25.8	207	56	3:18
优秀	95	3350	7.6	24.0	201	54	3:24
	90	3300	7.7	22.2	195	52	3:30
良好	85	3150	8.0	20.6	188	49	3:37
	80	3000	8.3	19.0	181	46	3:44
	78	2900	8.5	17.7	178	44	3:49
	76	2800	8.7	16.4	175	42	3:54
	74	2700	8.9	15.1	172	40	3:59
	72	2600	9.1	13.8	169	38	4:04
	70	2500	9.3	12.5	166	36	4:09
及格	68	2400	9.5	11.2	163	34	4:14
	66	2300	9.7	9.9	160	32	4:19
	64	2200	9.9	8.6	157	30	4:24
	62	2100	10.1	7.3	154	28	4:29
	60	2000	10.3	6.0	151	26	4:34
	50	1960	10.5	5.2	146	24	4:44
	40	1920	10.7	4.4	141	22	4:54
不及格	30	1880	10.9	3.6	136	20	5:04
	20	1840	11.1	2.8	131	18	5:14
	10	1800	11.3	2.0	126	16	5:24

表 9-1-6　大学女生各测试项目评分表二

大三、大四适用

等级	单项得分	肺活量/毫升	50 米跑/秒	坐位体前屈/厘米	立定跳远/厘米	1 分钟仰卧起坐/次	耐力跑 800 米/（分：秒）
优秀	100	3450	7.4	26.3	208	57	3:16
	95	3400	7.5	24.4	202	55	3:22
	90	3350	7.6	22.4	196	53	3:28
良好	85	3200	7.9	21.0	189	50	3:35
	80	3050	8.2	19.5	182	47	3:42
及格	78	2950	8.4	18.2	179	45	3:47
	76	2850	8.6	16.9	176	43	3:52
	74	2750	8.8	15.6	173	41	3:57
	72	2650	9.0	14.3	170	39	4:02
	70	2550	9.2	13.0	167	37	4:07
	68	2450	9.4	11.7	164	35	4:12
	66	2350	9.6	10.4	161	33	4:17
	64	2250	9.8	9.1	158	31	4:22
	62	2150	10.0	7.8	155	29	4:27
	60	2050	10.2	6.5	152	27	4:32
不及格	50	2010	10.4	5.7	147	25	4:42
	40	1970	10.6	4.9	142	23	4:52
	30	1930	10.8	4.1	137	21	5:02
	20	1890	11.0	3.3	132	19	5:12
	10	1850	11.2	2.5	127	17	5:22

表 9-1-7　大学生加分指标测试项目评分表一

加分	引体向上（男）/次		1 分钟仰卧起坐（女）/次	
	大一、大二	大三、大四	大一、大二	大三、大四
10	10	10	13	13
9	9	9	12	12
8	8	8	11	11
7	7	7	10	10
6	6	6	9	9
5	5	5	8	8
4	4	4	7	7
3	3	3	6	6

续表

加分	引体向上（男）/次		1分钟仰卧起坐（女）/次	
	大一、大二	大三、大四	大一、大二	大三、大四
2	2	2	4	4
1	1	1	2	2

注：引体向上（男）、1分钟仰卧起坐（女）均为高优指标，学生成绩超过单项评分100分后，以超过的次数所对应的分数进行加分。

表 9-1-8 大学生加分指标测试项目评分表二

加分	1000 米跑（男）/秒		800 米跑（女）/秒	
	大一、大二	大三、大四	大一、大二	大三、大四
10	-35	-35	-50	-50
9	-32	-32	-45	-45
8	-29	-29	-40	-40
7	-26	-26	-35	-35
6	-23	-23	-30	-30
5	-20	-20	-25	-25
4	-16	-16	-20	-20
3	-12	-12	-15	-15
2	-8	-8	-10	-10
1	-4	-4	-5	-5

注：1000 米跑（男）、800 米跑（女）均为低优指标，学生成绩低于单项评分100分后，以减少的秒数所对应的分数进行加分。

第二节 学生体质健康测试方法

一、身高

受试者赤足，以立正姿势站在身高计的底板上（上肢自然下垂，两脚脚跟并拢，脚尖分开约60°）。脚跟、骶骨部及两肩胛区与立柱相接触，躯干自然挺直，头部正直，耳屏上缘与眼眶下缘成水平位。测试人员站在受试者右侧，使水平压板轻轻沿立柱下滑，轻压于受试者头顶。测试人员读数时，两眼应与压板水平面等高；记录员复诵后进行记录。以厘米为单位记录测试成绩，保留1位小数。测试误差不得超过0.5厘米。（图9-2-1）

二、体重

测试时，体重秤应放在平坦的地面上。受试者赤足，男性受试者身着短裤；女性受试者身着短裤、短袖衫，站在秤台中央。读数以千克为单位，保留1位小数。记录员复诵后进行记录。测试误差不超过0.1千克。（图9-2-2）

图9-2-1　　　　　　　　　　　　图9-2-2

三、肺活量

测试人员告知受试者不必紧张，以中等速度和力度尽全力吹气效果最好。令受试者手持吹气口嘴，面对肺活量计站立试吹1次或2次，首先看仪表有无反应，还要试口嘴或鼻处是否漏气，调整口嘴和用鼻夹（或自己捏鼻孔）；学会深吸气（避免耸肩提气，应该像闻花似的慢吸气）。测试时，受试者进行一两次较平日深一些的呼吸动作后，更深地吸一口气，屏住气向口嘴处慢慢呼出至不能再呼为止，防止此时从口嘴处漏气，测试中不得中途二次吸气。吹气完毕后，液晶屏上最终显示的数字即肺活量值。每位受试者测3次，每次间隔15秒，记录3次数值，选取最大值作为测试结果。以毫升为单位记录测试成绩，不计小数。

四、50 米跑

受试者至少两人一组进行测试，站立式起跑。受试者听到跑的口令后开始起跑。发令员在发出口令的同时要摆动发令旗。计时员视旗动开表计时，在受试者躯干部位到达终点线的垂直面时停表。以秒为单位记录测试成绩，精确到小数点后 1 位，小数点后第二位数按非 0 进 1 原则进位，如 10.11 秒读成 10.2 秒并记录。

五、坐位体前屈

受试者两腿伸直，两脚平蹬测试纵板坐在平地上，两脚分开 10～15 厘米，上体前屈，两臂伸直前，用两手中指指尖逐渐向前推动游标，直到不能前推为止。测试计的脚蹬纵板内沿平面为 0 点，向内为负值，向前为正值。以厘米为单位记录测试成绩，保留 1 位小数。测试两次，取最好成绩。（图 9-2-3）

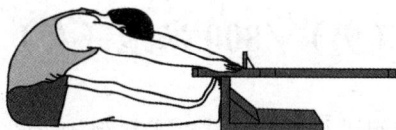

图 9-2-3

135

六、立定跳远

受试者两脚自然分开站在起跳线后，脚尖不得踩线（最好用线绳做起跳线）。两脚原地同时起跳，不得有垫步或连跳动作。丈量起跳线后缘至最近着地点后垂直距离。每人试跳 3 次，记录其中成绩最好的一次。以厘米为单位，不保留小数。

七、引体向上（男）

受试者跳起两手正握杠，两手与肩同宽，成直臂悬垂。静止后，两臂同时用力向上引体（身体不能有附加动作），上拉到下颌超过横杠上缘为完成1次。记录引体次数。

八、1分钟仰卧起坐（女）

受试者仰卧于垫上，两腿稍分开，屈膝约成90°，两手手指交叉抱于脑后。受试者坐起时，两肘触及或超过两膝为完成1次。仰卧时，两肩胛必须触垫。测试人员发出"开始"口令的同时开表计时，记录1分钟内完成次数。1分钟到时，受试者虽已坐起，但肘关节未达到两膝者不计该次数，精确到个位。（图9-2-4）

图 9-2-4

九、1000米跑（男）/800米跑（女）

受试者至少两人一组进行测试，站立式起跑。受试者听到"跑"的口令后开始起跑。发令员在发出口令的同时摆动发令旗，计时员看到旗动开表计时，当受试者的躯干部位到达终点线垂直面时停表。以分、秒为单位记录测试成绩，不计小数。

第十章　体育文化

第一节　体育文化概述

一、体育文化的含义

　　把体育作为一种文化现象来加以认识，于是就产生了综合全部体育活动的上位概念——体育文化。德国学者G.A.菲特在 1818 年出版的《体育史》一书中，就已使用physical culture这一词。他认为这一词是指斯拉夫民族的沐浴和按摩等保健养生活动。据此，《韦氏国际大辞典》也称身体文化为"有关身体系统的保养"。有的解释更为宽泛，认为身体文化是包括从身体涂油剂、颜料、营养摄取、入浴设施直至身体训练的运动器械在内的各种文化现象的总体。第二次世界大战后，东欧各国把"身体文化"作为关于体育的广义概念来使用，认为它是整个文化的组成部分。20 世纪 50 年代，库什金和凯里舍夫所给的身体文化定义是"改善人民健康、全面发展其体能、提高运动技巧以及创造体育教育专有的精神和物质财富等方面获得的成就的总和"。在日本，身体文化是与体育相关的概念。近藤英男认为："所谓身体文化，是为了保护、培养、锻炼、提高人的生命力，以身体或身体活动为基础和媒介体而形成的文化总称。"他把身体文化分成以下四个部分：① 运动文化。把生产劳动及游戏技术发展起来的运动、舞蹈等身体活动练习统称为运动文化。② 健康科学。与维护生命、保护和增进健康有关的人体科学体系。③ 日常生活中的行为。其包括茶道、礼节、教养、仪式等活动中人们的行为，这是行为美学的一部分。④ 体育运动教育。将上述体系作为媒介，以人的教育为目标的体系。

1974 年，国际体育名词术语委员会出版的《体育运动词汇》指出，体育文化是"广义文化的一个组成部分，它综合各种利用身体锻炼来提高人的生物学和精神潜力的范畴、规律、制度和物质设施"。对体育文化的理解见仁见智，有人认为身体文化就是身体锻炼；法国的顾拜旦则认为"physical culture"是以促进健康和增强体力的身体运动体系。尽管人们对体育文化的认识还没有完全统一，对于概念的使用范围尚有争议，但是体育发展过程中所产生的观念形态和知识体系，所创造的手段、方法、技术、器械、设施，以及有关的组织、宣传机构等，已经在人类的社会生活中构成了一种独特的文化现象。人们的体育价值观念，运动技能，体育活动的组织管理方法，有关体育报刊、书籍、音像制品的出版发行，广播、电视中的体育节目，体育题材的文艺作品，体育奖品、宣传品、纪念品以及体育文物等影响到人们精神生活的一切方面，均可视为体育文化的范畴。

马特维也夫认为，身体文化从广义上讲是社会文化的一部分，它是旨在使人的身体完善而合理利用的专门性手段、方法、条件所取得成就的总和。通常可将身体文化分为两个部分：第一部分是社会所创造的、利用的一切有价值的东西，即专门性手段和方法及使用它们的条件，保证人们最有效地发展身体并达到一定的身体准备程度；第二部分是利用这些手段、方法和条件的积极结果。身体文化与体育在本质上是一样的，都是为了人的身体完善发展，但它们二者并不完全相同。在涉及体育及体育成果作为某种价值的时候，二者相同。体育是社会发展过程中，新一代人与老一代人交接身体文化珍品的一个渠道，也是文化珍品的积累方法。

体育文化包括体育物质文化，如满足人们体育需要而开发的各种运动器材和场地设施，为促进体育发展而创造的各种思想物化品等；体育制度文化，如在体育运动中人的角色、地位以及各种体育活动的组织形式，为促进体育发展而形成的各种组织机构，人们围绕体育而创造的各种直接影响体育活动的原则、制度等；体育精神文化，如依托体育改造人的精神的思想观念及理论体系，通过抽象的声音、色彩等表现体育精神的艺术文化等等。有的学者认为，体育文化是人类体育运动的物质、制度、精神文化的总和。大体包括体育认识、体育情感、体育价值、体育理想、体育道德、体育制度和体育的物质条件等。这种对体育文化的界定是比较准确的。

综上所述，体育文化是在增进健康、提高人们生活质量的过程中创造和形成的一切物质的和精神的财富，包括与之相应的社会组织及规范体育活动的各种思想、制度、伦理道德、审美观念，还包含为达成体育目标的各种改革举措以及相应的成果。

二、体育文化的特性

（一）民族性

人类文化的存在和发展，不仅有共性的一面，也有极具丰富性的一面，甚至是具有很大个性的一面。这种人类文化的差异性，就是民族性的表现。各个不同地域的人类，创造了不同类型、不同形态的文化，又塑造了具有不同文化特征的群体。任何形式的民族文化，都与本民族的形成延续和发展密切相关，都与本民族的地理环境、人种特点、风土人情、经济条件、生产水平乃至和社会结构相适应。这些反映本民族的、传统的体育文化规范着本民族的体育行为，也影响着人们不同的体育价值观念。中国体育文化以修身养性的娱乐性和技巧性为主要特色。像印度的瑜伽就反映了印度民族具有和谐性和柔美性的体育文化特征。

（二）时代性

时代在不断地演化和发展，各个不同的历史时期有着不同的生产方式。人们总是生活在一个特定的环境中，这个生活环境对人类来说，产生了重大的影响。人们在生活实践中所创造的文化，也都离不开这个环境的影响。因此，文化也具有特定的性质、特定的内容和特定的形态，表现出鲜明的时代性。

（三）社会性

文化的社会性，也称文化的群众性。这是因为任何文化都离不开大众，更不能离开社会。如果说人离开了文化，就不能成为真正的人，同样，社会离开了文化就会变成一个愚昧的社会。因此，人、文化和社会三者之间形成了相互关联、相互作用的复合体。

（四）差异性

文化的差异性既表现在一个地区、一个民族的行为习惯上，也表现在价值标准和价值观念上。例如，东方体育文化重礼节、求持中、重自身完善，求个人身心平衡的品格形式，表现了人的内在品质和言行相一致的东方色彩；而西方体育文化则表现出竞争、激进冒险的风格，人们常把身体健美的人视为崇拜偶像，表现了人的外在行为所具有的西方特色。中国体育文化价值选择以"乐行而礼成"和"经世致用"为教化原则。这表明中国古代体育文化主张利用体育活动修身养性，将体育活动纳入治心、修身、为国、观人的教化过程中。西方文化强调激发和释放人类的创造潜能，这种追求个体美的原则也成为西方社会选择体育手段的重要原则。

（五）继承性

继承性，也可称为传统性。在养生学的发展中，东方文化原先主张以静养生，后来有人主张以动养生，再后来主张动静结合。这是人们对体育文化延续和不断深化认识的过程。例如，中国传统体育文化以前注重于修身养性，后来泛化为强身健体，直到今天的自娱与休闲文化。同样，中国传统体育文化中舞龙、舞狮、健身气功、武术等都已经走向世界。

三、体育文化的功能

说到体育文化的功能，首先得了解文化的功能。文化对人类社会的生活和发展发挥着巨大的作用。这是因为文化是人类在长期的历史实践过程中逐步积累起来的。人类要发展就必须以文化遗产为基础，并在此基础上创造新的文化。社会通过传递过程而生存，正如生物的生存一样。这种传递依靠年老者将工作、思考和情感的习惯传递给年轻人。没有这种理想、希望、期望、标准和意见的传达，从那些正在离开群体生活的社会成员给那些正在进入群体生活的成员，社会生活就不能幸存。人类从野蛮到文明，靠文化进步。从生物的人到社会的人，靠文化教化。人们千差万别的个性、气质、情操、风格，也靠文化培养。人们全部生活的意义及存在价值，都离不开文化。可以说，文化是人类的栖身之所，是人类的社会生活得以进行的舞台。它在人类的社会生活中无孔不入地存在，潜移默化地对人们产生影响。

体育与文化有着密切的关系。一方面，体育是文化传播、传递的重要手段；另一方面，文化方面的变动，对体育会产生特别重大的影响。21 世纪，体育文化价值的研究，要重视体育在文化传递、文化传播、文化选择和文化创新过程中的重要作用，还要特别注意体育在继承和发扬优秀传统文化与满足人们闲暇文化生活需要方面的价值。

积极发展体育文化是社会进步的标志，体育活动及其成果在人类社会生活中具有重要的地位和意义。体育在培养健康的人，改善人类生活方式，从而提高人们生活质量方面起着重要作用，在培养有文化的健康的人方面有着独特的作用。

（一）体育保存、传递和传播文化的功能

体育拓展了文化交往的时空，体育之所以能够担负起保存文化、传递文化、传播文化方面的任务，主要因为体育离不开确定体育内容，而确定体育内容的过程，实际就是选择文化的过程。人们是将自己的体育认识、价值观、体育习惯、体育内容和方法等，经过选择之后组成课程的。课程的内容是经过长期实践证明有价值的文化。人们参与体育学习和体育锻炼，就使这些文化长期地保存下去。可以把体育文化看作一个复杂的整体，它是人们社会生活的一个方面。体育文化就是人们在体育实践中的种种尝试，包括体育观念、运动方式、体育组织管理方法等。

（二）吸收、融合世界先进文化的功能

体育是加速民族文化交流的重要的和非常有效的途径。一方面，开放的中国在积极学习西方先进的体育文化，通过体育融合来吸收各民族的文化。另一方面，西方国家正在不断地吸收融合东方体育文化中精粹部分，表现在对东方体育文化中所表达的伦理道德观念的追求；开始学习一些具有中国特色的运动项目如健身气功、武术、围棋、中国象棋、龙舟竞渡等；东方注重身心统一、内外协调、动静结合的传统养生思想为西方所接受。在世界体育大潮中，西方体育界再

141

次掀起研究东方哲学和养生文化的热潮，绝非偶然现象。要正确看待东、西方体育文化的异同和两种体育文化交流的现象，为丰富世界体育文化和弘扬中国体育文化贡献力量。

（三）创造、更新文化的功能

现代体育具有更为强大的创造和更新文化功能。一方面，体育为社会文化的不断更新发展，提供身心健康、具有创造活力的人才；另一方面，现代体育与文化创造紧密结合，成为促使文化变革与发展的一个重要渠道。在现代体育中，体育人对作为体育内容的文化素材，已不是简单机械地照搬，而是根据体育原理和各种文化素材的特点进行再加工和再创造。体育运动是对外开放的一个窗口，但这个窗口是双向的，要实行文化的对流。在体育运动方面，不仅将以灿烂的传统使世界惊异，而且也应该在世界体育运动中显示出我们当代的创造性。另外，以科学研究为主要形式的文化创造活动，已经成为现代体育不可缺少的组成部分。

在体育运动中所提出的新概念、新观念和新模式，潜移默化地进入了社会现代化建设者们的精神生活。在中国，"竞争"的价值观念与西方有所不同，竞争的主要目的是民族、社会和集体的利益，而不仅仅是维护个人利益。体育运动所需要的不断地开拓精神成为社会所追求的高尚情操，激励各行各业的人们着眼未来和整个世界，这恰恰是现代化过程所需要的社会心理品质。数千年传承下来的道德观念，经过扬弃，在体育运动领域里也获得了新的含义。

142

思政园地

党的二十大报告提出，要"促进群众体育和竞技体育全面发展，加快建设体育强国"，要"推进文化自信自强，铸就社会主义文化新辉煌"。在建设体育强国的过程中，体育文化扮演着越来越重要的角色，中华体育精神成为激励一代又一代运动员在赛场上拼搏，带动更多人爱国爱党、团结奋进的精神动力。

第二节 中西方体育文化的比较

　　每个民族的体育文化都有它们各自的独创性和不同的历史渊源，不能厚此薄彼。一般来说，文化传统与体育传统之间是一种互为因果的关系，两者是交织在一起的。文化传统差异是体育传统差异的根源，而体育传统又使得文化传统间的差异继续存在或强化。

　　中国是屹立在世界东方的文明古国，她博大精深的体育文化如同哺育了华夏文化的长江、黄河一样源远流长。而体育文化的各种形态，更是在这片乐土上呈繁荣发展之势。充满神秘色彩的健身气功、太极拳等东方民族传统体育形态受到越来越多人的喜爱。在西方，欧洲文明的摇篮古希腊、古罗马为西方体育现代世界的形成和发展做出了巨大贡献。在古希腊所创导的古奥运会辉煌成就的背后，是西方体育文化的根基所在，闪烁着使世界人民敬慕的光辉。在东西方文化的交汇中，东西方的体育文化也分别在对方的文化范畴里生根发芽。无论是东方还是西方的传统文化，都有其生成和发展的特殊规律性。人们在不同地域、历史和文化背景中所产生的思维方式、思想观念也各不相同，从而导致出不同的社会实践方式和行为规范。

一、中国传统体育文化

　　中国传统体育作为中国体育文化的一部分，其产生和发展都不可能离开中国传统文化的深刻影响。要研究中国传统文化以及深受其影响的中国传统体育文化，可以从中国传统文化的基本特征入手。

（一）重伦理，倡导道德至上

　　古代中国注重情感和尊崇道德的观念，在体育运动领域得到了充分的体现。这些传统的道德观念来自中华民族文化价值观念，如孔子的"尚仁"，墨子的

"兼爱"。其积极意义在于规范人们的社会生活行为，平和了社会气氛。重义轻利的价值观念历代相传，渗透于人们精神意识的深层，把人们伦理生活置于物质生活之上，把伦理原则和人们的物质利益对立起来。这种重义轻利的价值观反映在体育上即是崇尚体育的伦理价值。

（二）重和谐与统一

以儒家为主体的中国传统伦理型文化，其主旨精神强调和谐与统一。体育活动的开展必须以"德、仁"等伦理道德标准为前提。那么，当体育礼仪发生矛盾时，又怎么来处理呢？如竞争性活动，其强烈的竞技性势必与温文尔雅的绅士风度发生抵牾，孔子找到了解决矛盾的办法，将竞技与礼仪统一起来，即所谓的"君子之争"。他谈道："君子无所争，必也射乎！揖让而升，下而饮。其争也君子。""君子之争"实际上是把"礼"的观念深深植入体育伦理思想之中。

（三）重自省，追求稳定

中国先哲追求的价值目标就是达到某种和谐的境界，核心是和合。他们教诲人们的更多的不是执着地向外开拓、追求，向大自然索取，而是在充满温情的人生修养中，潜身于自省，"反求诸己"。这种观念支配下，人们往往表现为安于朴素，知足常乐。这种观念淡化了人们的竞争意识。在体育文化的活动表现方式上，中国古代体育运动多以个体的、娱乐性的、技艺性的、表演性的项目为主，如礼射、投壶、棋牌等，而对抗性的、竞争性强的、集体性的身体接触较多的运动项目在古代少见。

（四）重理性与人文教养

中国传统文化重视理性和人文教养的特点，首先表现在中国文化以人为本，而不是以神为本，具有超宗教和情感的功能。儒家思想的核心是"礼"，讲究忠恕之道。"己所不欲，勿施于人"，凡事要恰到好处，不能过分，不能偏倚。体育毕竟是一种诉诸情感的活动，它往往又是非功利和超现实的。这一点恰恰与中国人的民族心理合拍。

中国体育文化在儒家思想的长期影响下，形成中华民族的体育文化特色。儒家文化强调文化意境，更多地注重艺术性。形象中的意境强调是对中华民族文化"意境"表现的一种反映，正是这种对本民族文化的反映，使中国武术形成了有别于异国文化的民族性。中国体育文化注重对身体文化之外的拓展性价值，重视对集体和社会的意义；重视的是体育文化中的理性思辨。

（五）主张行善

武术是中华传统体育项目之一。历代武学家都比较重视武德，要求习武之人修养武德，以期学成后能多行善事。武术之所以重视武德，与其宗教渊源有关。以少林派和武当派为例。少林派主要受佛教思想影响，武当派主要受道教思想影响，两派均强调积德行善。因此，自古以来，我国体育道德都主张行善。中华传统体育美德有丰富的道德遗产，这些道德遗产至今仍有现实意义。随着社会和体育的发展，体育道德规范也会有新的发展。现代体育道德规范实质上是在开放的社会环境和全方位的体育活动中人与人之间的合作与协调。

（六）保家卫国

武德是中华传统体育美德的重要组成部分。继承传统武德中的精华，就要把习武同发扬祖国灿烂文化、热爱祖国联系起来，培养民族自豪感，维护中华民族的尊严；有宽广的心胸，对他人要以礼相待，不恃武伤人，不以强凌弱；维护国家和人民的利益；保持不盗名、不夺利，乐于助人的美德；尊老爱幼，尊师重道，对前人的著作和经验要虚心学习，为社会做出更大的贡献。

二、西方文化及其影响下的西方体育文化

近代体育产生在西方，就像近代社会首先在西方出现一样。在欧洲，以牧业经济为基础，以古代希腊文化为起源，体育文化的发展以个人自由、个人竞争为背景。恩格斯指出："没有希腊文化和罗马帝国所奠定的基础，也就没有现代化的欧洲。"因此，在论及西方文化对西方体育的影响时，不能忽略古希腊文明对西方体育乃至整个西方文明的奠基性作用。西方文化在影响体育文化时主要在以下几个方面。

（一）强调以人为中心

强调人是万物之灵，从以人为中心的观点出发，主张人可以认识自然、控制自然和征服自然。作为西方体育文化乃至西方文化发源地的希腊社会，是以个性

发展、对个体生命能力的弘扬为主体而构建的。社会竞技活动在这样的生活方式中，自然和谐地得到发展。希腊加上海洋文化的独特影响，其精神世界表现出勇于开拓、敢于进取，注重人的智力和身体能力的特征。这一观点起到了鼓励人的创造性的作用。

（二）以个人为社会本位

西方文化中的个人或自我是独立的，是和他人相分离的。在西方这种以个体人格为主体的社会背景下，社会文化中的人性的传统始终未间断。西方体育文化中的个人奋斗精神表现在体育思维方式、体育思想、体育价值观以及体育的价值心态等方面。个人主义是西方体育中的一种主导精神。它在体育文化中，充分肯定运动者的个人奋斗和个人价值。西方体育的文化精神、文化的行为制度层面和物质层面，影响了人们在体育运动及比赛中对技战术的运用和选择。

知识窗

"体育运动之神"——《掷铁饼者》

《掷铁饼者》取材于希腊现实生活中的体育竞技活动，雕刻了一名矫健男子在掷铁饼过程中最具表现力的瞬间。运动员大幅摆动双臂、快速旋转躯体，下一个瞬间就要掷出铁饼。其张开的双臂如拉满的圆弓，铁饼仿佛瞬间就会被掷出。这一瞬间有着强烈的"引而不发"的吸引力，作者抓住该瞬间概括了掷铁饼这一动作的整个过程，显示了运动员最典型的姿态。铁饼和运动员头部的两个圆形左右呼应，支撑身体的右腿如同轴心，使大幅度弓起的身体保持平衡。这样的处理让观众在欣赏静止雕塑时，从心理上获得"运动感"的效果，构思别具匠心，被认为是"空间中凝固的永恒"。雕塑家米隆以高超技巧，赞美了人体美和运动所迸发的生命力，该雕塑也被誉为"体育运动之神"，成为后世艺术创作的典范。

第三节　校园体育文化

　　校园体育文化是学校教育的重要组成部分，是以培养学生体育意识和体育技能、提高体育文化素养、增进学生身心健康为宗旨而开展的各种各样的校园体育文化活动。它在培养身心健康、具有创新精神和实践能力的现代化人方面具有重要的作用。

一、校园体育文化的含义

　　校园文化是一个多层次、立体化的有机整体。作为这个整体的重要组成部分的校园体育文化，是推动校园文化发展的最有力的催化剂，同时它也是具有深刻内涵和丰富外延的一种独特的文化现象，对于加强学校的精神文明建设，提高校园文化质量，全面推进素质教育和全民健身计划的落实，以及培养师生终身体育意识，都具有十分重要的意义。

　　校园体育文化是指在学校这一特定的范围内，人们在实践过程中所创造的体育精神财富和物质财富的总和。它有广义和狭义之分。广义的校园体育文化，是指学校所有的师生员工在体育教学、健身运动、运动竞赛、体育设施建设等活动中形成和拥有的所有的物质和精神财富；狭义的校园体育文化是指学校师生员工们的体育观念和体育意识。校园体育文化和校园德育、智育、美育文化等一起构成了校园文化群，它又与竞技运动文化、大众体育文化一起组成了广义的体育文化群。根据校园体育文化要素的不同，可将其分为三大类，即意识文化、行为文化和物质文化。这三类文化均有助于人们的心理调节，满足师生员工对精神文明生活的需要。

　　校园体育文化包括体育教学、健身锻炼、运动竞赛、体育表演、道德行为、制度规范等。通过多种多样的体育手段和方法，可以锻炼学生的意志品质，催人奋发进取，培养集体观念，加强组织纪律，协调人际关系，消除精神烦恼，给人愉悦，使人身心得以和谐、健康的发展。同时，可以拓宽学生的知识和思维视野，最终达到培养创造精神，丰富课余文化生活和促进德、智、体全面发展的目的。

二、校园体育文化的价值

从社会学角度审视，体育文化的存在体现了人的一种社会需求。体育已从单纯的肌肉活动以及与文化隔离的状态下解脱出来，成了既是体育又是文化，既是锻炼又是娱乐，既是运动又是教育，既能观赏又能参与的一种特殊的社会文化现象。在现代教育与现代体育这两大人类文化体系的交汇处，生存着一种独特的社会文化现象——校园体育文化。它是整个体育文化体系中的一部分，也是整个教育文化体系中的一部分。

校园体育文化的灵魂与核心就是校园精神，而校园精神是深层次的群体意识，又是群体的向心力与凝聚力，是校园群体共同的价值认同、价值取向、心理特征、行为方式。有人把学术文化比作校园精神文化之首，而把体育文化看作是校园精神文化之躯。因此，体育文化作为校园精神建设的一种途径和形态构成了校园文化不可或缺的一部分。

校园体育文化是以学生为主体的，以课外体育文化活动为主要内容，以校园为主要空间，以校园精神为特征的一种群体文化。校园体育文化作为一种社会文化，也是在一定社会政治、经济、文化、教育、体育等条件下，由学校广大师生在实践过程中共同创造的体育物质财富和精神财富的总和。它对改善大学生的智力结构，加强学校与社会的交往，传承、借鉴人类社会的文明，提高大学生的积极性、主动性和创造性，促进教育改革的深入发展具有特殊的地位和作用。

校园体育文化的宗旨主要是培养学生体育精神，提高体育文化素养，增进学生身心健康，并在此宗旨指导下开展多种多样的校园体育文化活动。

校园体育文化包含了塑造顽强的意志品质和拼搏精神。自体育从社会生产劳动中剥离出来，人们就不断地利用它向自身极限挑战。每个人在任何一次挑战极限的过程中，需要的不仅仅是非凡的体能和体力，更需要的是顽强的意志品质和拼搏精神。实际上，校园内的体育竞赛或训练等同于校园体育文化范畴的活动，是培养学生顽强意志品质和不屈不挠拼搏精神的有效途径。例如，北京大学"山鹰社"之所以有如此强大的感召力，吸引着许多青年学子的参与，就是因为他们在参与训练或征服大自然的过程中获得了意志的磨炼，才敢直面成功或失败；他们在不畏艰险的奋斗过程中自觉弘扬顽强的拼搏精神，以此养成对真理执着的追求和对人生目标的坚定信念。这不仅是高校教育工作的责任，更是大学体育的任务。

校园体育文化中包含了塑造"公平"的竞争意识和精神。公平竞争是所有体育活动的基本要求。公平竞争精神包括两方面的内容：一方面是指不畏强者、敢于竞争、敢于胜利、善于竞争、善于胜利的优秀品格；另一方面，公平竞争精神倡导"公开、公平、公正"的行为规范，以此表现出良好的竞争道德。任何一项体育赛事都是本着"公开、公平、公正"的竞争原则进行的，也正是在这种环境下才有规范的行为方式，使体育的魅力深入人心，这与倡导"光明正大""心底无私""光明磊落"的人格培养具有一致性。参与和适应"公开、公平、公正"的大学体育比赛，有助于大学生体验和实践"公开、公平、公正"的竞争规则，培养良好的竞争意识。

校园体育文化中包含了"塑造集体主义和团结协作精神"。任何形式的体育运动都是积极倡导个性和集体的配合相结合，既展示个性特征和个人才能，又相互支持、相互配合、团结协作，融小我于大家之中，为共同的目标一致努力。每逢重大国际体育比赛，当运动员在赛场上奋力拼搏，哪一个电视机前的大学生不愿为其加油喝彩？伴随比赛的进程，我们既为运动员一次次的成功而欢呼，也为他们出现的每一次细微失误而惋惜；当中国健儿站在最高领奖台上的时候，电视机前的大学生谁又不为之动容？一场班际或是校际体育比赛，可以使一群陌生的大学生走到一起，为集体和团队的荣誉呐喊助威。几乎所有的大学都有自己的传统运动会，学生们的参与既能使其个性得到充分的展现，又能给大家提供一个交流的机会，有助于当代大学生展示个性、增进友谊、增强集体凝聚力、展现团队精神。

三、校园体育文化的特征

（一）时代性

文化是时代的产物，它在一定程度上反映着时代的特征，并随着时代的发展而不断发展。高等学校作为实施教育的一个机构，不可能脱离社会政治、经济大环境的影响而独立存在，社会政治、经济、体育等方面的大环境对校园体育文化的形成与发展势必会产生一定的影响。例如，2001年北京申办2008年奥运会成功，2004年雅典奥运会我国运动员取得骄人战绩，等等，每一项重大活动都会对高校校园体育文化产生巨大影响，并成为当时校园体育文化的主旋律。

（二）时尚性

大学校园体育文化的主体是当代大学生，他们是引导社会潮流的特殊群体。在人类社会进入21世纪的今天，健身在大学生中已经成为一种时尚。当代大学生是具有较高知识水平的群体，不仅能够接受传统的体育精神产品和物质产品，而且还能够吸收传统体育文化的精髓，创造并形成自己独特的体育文化。篮球、排球、足球、乒乓球、羽毛球、健美操、网球等健身活动开展得如火如荼，新兴的体育项目也悄然在学校兴起，并以其新颖性、刺激性、挑战性而受到普遍欢迎。传统体育项目和新兴体育项目大大丰富了校园体育文化，为校园体育文化注入了生机和活力。

（三）多样性

虽然校园体育文化的共性很多，但不同特质的人群还有其独特的体育文化形式，这就表现出了高校校园体育文化的多样性，这在校园体育文化的内容、形式上都有所体现。学生可以根据自己的意愿，来选择体育活动的内容和形式。在众多的体育社团中，可以选择一个或几个社团来参加，以一种或几种体育活动作为锻炼身体的方式，并且在自己感到合适的位置上扮演一个适合的角色。从体育文化的发展趋势来看，校园体育文化越向前发展，其体育文化的多样性也就越明显。

（四）娱乐性和趣味性

繁忙的工作、紧张的学习，常常使人感到身心疲惫。在众多娱悦身心的方法中，参与体育活动已经逐渐成为校园群体的首选。作为一种特殊形式的文化，校园体育文化具有现代体育活动的一些特点，它要求人们亲自参与运动，在娱悦身心的活动中承受一定的负荷，发展自己的体能。在校园这个相对封闭的生活环境里，体育活动以其娱乐性、趣味性和可选择性等特点，成为大学生主要的娱乐方式，它能调节人的心理、情感，丰富人们的文化生活，对增进人的健康有特殊的意义。

（五）共享性

21 世纪是一个高科技和信息化的时代，网络世界以其表现力丰富、交互性强、共享性好、知识组织形式更佳、更有利于知识的同化等特点，已经成为人们生活和工作中不可缺少的有益助手。校园体育文化在传播技术的变革中改变了格局，各种体育信息让全球任何角落的人群都能获得，校园体育文化的共享道路也得到一定的拓宽，跨出了校门。

四、校园体育文化的主要表现形式

（一）体育课

体育课是大多数大学生参与校园体育活动的重要途径。教育部 2002 年 8 月 6 日颁布的《全国普通高等学校体育课程教学指导纲要》规定，普通高等学校的一、二年级必须开设体育课程（四个学期共计 144 学时）。修满规定学分、达到基本要求是学生毕业、获得学位的必要条件之一。普通高等学校对三年级以上学生（包括研究生）开设体育选修课。因此，对绝大多数大学生来说，体育课是大学体育学习的基本组织形式。

体育课的具体实施办法可以根据高等学校教育的总体要求和体育课程的自身规律，面向全体学生开设多种类型的体育课程，可以打破原有的系别、班级建制，重新组合上课，以满足不同层次、不同水平、不同兴趣学生的需要。对部分身体异常和病、残、弱及个别高龄等特殊学生群体，可以开设以康复、保健为主的体育课程。

（二）体育俱乐部

体育俱乐部是欧美各国大学中比较流行的一种体育组织形式。20 世纪 80 年代以来，我国大学体育受世界大学体育思想和高等学校体育管理模式的影响，体育俱乐部研究作为高校体育改革具有标志性的课题悄然兴起，受到了极大的关注。进入 20 世纪 90 年代，高校体育俱乐部作为一项牵动学校体育整体改革的研究，呈现出多样化的局面。在我国，大学体育俱乐部主要有三种形式：课内体育俱乐部、课外体育俱乐部和课内与课外相结合的体育俱乐部。

大学体育俱乐部在参与形式、学习方式、文化氛围、生活方式等方面都最接近大众体育，贴近家庭和社会生活，这就给大学生无形地注入了闲暇教育的思想、终身体育思想。同时，闲暇体育生活气息、生活方式、兴趣指向、行为养成等，在有效地增进大学生身心健康的同时，对学生体育意识、行为、能力的培养有着积极的促进作用。因此，大学体育俱乐部的形式得到了当代大学生的普遍认可，呈现出良好的发展态势。

随着体育社会化、市场化的发展，体育的娱乐、健身、社会交往等功能逐渐被人们所认识，高校学生参与体育运动的积极性很高，学生通过参加体育俱乐部的活动，不仅在运动技能和身体素质方面得到了提高，而且自身运动积极性的提高和在体育俱乐部与同学们交往的增加，使得学生在心理品质和社交能力方面也得到了发展。大学生体育俱乐部的建立还能使课外活动变成学生自我管理、自我服务、健康有序的体育活动时空，有利于满足在校大学生健身娱乐的要求。

体育社团迅速发展是大学体育发展的一个普遍趋向。随着社会的不断发展，学校体育观念的转变加快，体育消费和体育需求增强，追求体育健身与娱乐已成为当代大学生的时尚，原来体育课及课外活动等组织形式已不能满足学生的体育需求，大学校园体育社团应运而生。它一般是由学校团委、学生处、学生会牵头，学生自愿参加、自由活动、自己管理的一种群众性团体，拥有独立自主的决策权，依靠大学生的兴趣自发组织各种有意义的体育活动，并产生广泛积极的影响。

随着我国社会的不断进步、人们生活水平的提高、休闲时间的增加以及体育娱乐健身意识的加强，校园体育社团的队伍将会变得越来越壮大，同时也能促进校园文化发展，成为高校大学生校园文化的重要阵地。

体育早已超越了锻炼身体本身。体育是一种社交，可以考察一个人在团队中的交往能力、合作精神和参与意识，而体育同时也需要参与者具有坚忍不拔的精神和竞争意识。

（三）课余运动竞赛

课余运动竞赛是指在课余时间，以争取优胜为主要目的，以运动项目为内容，根据规则的要求，进行个人或集体的体力、技艺、心理的相互较量的体育活动。在世界各国绝大多数的大学校园中，基本上每年都举行各种各样的课余运动竞赛，如校田径运动会，班级或院系篮球赛、足球赛、排球赛、羽毛球赛等。每四年一届的全国大学生运动会是对我国各大学体育运动技术水平的检阅，而在每两年一届的世界大学生运动会上，来自世界各国的大学生在运动场上奋勇拼搏，体现了当代大学生努力进取的精神风貌。

> ## 知识窗
>
> ### 世界大学生运动会
>
> 　　世界大学生运动会素有"小奥运会"之称，是由国际大学生体育联合会主办，由世界大学生夏季运动会、世界大学生冬季运动会和世界大学生体育锦标赛三大赛事组成，只限在校大学生和毕业不超过两年的大学生（年龄限制为17～28岁）参加的世界大型综合性运动会。始办于1959年，其前身为国际大学生运动会。截止到2022年，世界大学生运动会已举办过31届。

（四）体育节

　　体育节的具体目标、内容、时间、运作方式必须根据举办学校的性质、学生特点、校园环境、场地器材等实际情况而定，所以不可能存在统一的、固定不变的体育节结构。但其基本结构，即构成体育节的各个组成部分和顺序的划分，则具有相对的稳定模式，通常按开幕式、节日主体活动、闭幕式三大部分的顺序进行。而每个部分的具体内容和安排方式则完全取决于举办学校，具有明显的选择性与可变性。各校都可充分发挥自身的特色和优势，把体育节办得多姿多彩、生动活泼。

　　体育节能否具有浓厚的节日欢乐气氛，关键在于内容的确定是否体现了时代性、新颖性（创造性）和趣味性。一般的体育节包括的体育活动如下。

　　（1）健身体育活动。以锻炼身体、发展身体某项素质为主的效果显著而且简易可行、可测的身体练习、有氧健美操、集体舞等。

　　（2）竞技性体育活动。以普及型的田径、球类、棋类等项目为主的体育竞赛。

（3）娱乐性体育活动。体育游戏、趣味游戏、民间民俗体育活动等。

（4）创造性体育活动。自编操比赛或表演、体育小制作、体育绘画、体育摄影、体育征文展览或比赛。

（5）观赏性体育活动。体育表演、体育录像、电影、歌曲等。

（6）综合性活动。结合校园文明建设，以开展全方位的素质教育为目的，与其他文化互相渗透、交织，以开发、展示学生才能的各种活动，如各科活动课成果展、各系特色展、书法美术展、集邮展、知识竞赛、演讲、文艺演出等。

体育节的时间可长可短，可以是 2～3 天，也可以是一个阶段，主要视内容的多少与学校的总体安排而定。体育节的活动形式也可采用集中与分散相结合的方式进行，即开幕式、闭幕式及大型活动全校集中，中、小型活动按年级、班级或系科分散进行。

思考题

1. 简述体育文化的含义。

2. 简述体育文化的特性。

3. 体育文化的功能有哪些？

4. 中国传统体育文化的基本特征有哪些？

5. 简述中西方体育文化的差异。

6. 校园体育文化的主要表现形式有哪些？

第十一章　体育素养与体育欣赏

第一节　体育素养

　　体育素养是在先天遗传素质的基础上，通过后天环境与体育教育的影响所形成的，是体质水平、体育知识、体育意识、体育行为、体育技能、体育个性、体育品德等要素的综合体现。体育素养是建立在先天的基础上，却可以通过后天的科学训练逐步改善和提高。

　　要提高体育素养，必须具备一些基本素质，如先天的身体能力通过后天锻炼达到更高的水平；通过学习掌握一些相关的知识，更好地从事体育锻炼和竞技比赛，获得更多的体育运动体验；通过参与体育活动培养意志品质，进一步提高自身的道德修养。

一、体质、遗传与体育运动的关系

（一）体质与体育运动的关系

　　体质是由先天遗传和后天获得形成的，是人类个体在形态结构和功能活动方面所固有的、相对稳定的特性，与心理性格具有相关性，所以体质对人体有双重作用，可以通过增强体质来增强自信心，也可能因为体质较差而长期影响心理健康。

体质指由于个体体质的不同，表现为在生理状态下对外界刺激的反应和适应上的某些差异性，以及发病过程中对某些致病因子的易感性和疾病发展的倾向性。因此，增强体质有益于增强对疾病的抵抗力，也可通过体育运动增强某些反应和适应能力，如寒冷、炎热、高原环境中的生活能力。体质还可以反映运动员在某个运动项目上的表现，如速度、爆发力、反应时、灵敏性等。对体质的研究也有助于分析哪些人适合哪些运动项目，为训练和锻炼提供理论依据。

（二）遗传与体育运动的关系

遗传是指经由基因的传递，使后代获得亲代的特征。通俗地讲，遗传就是从父辈或者更远的亲代获得的身体和生理特征，遗传学就是研究此现象的学科。目前已知地球上现存的生命主要是以脱氧核糖核酸为遗传物质。

除了遗传之外，决定生物特征的因素还有环境，以及环境与遗传的交互作用。在心肺功能方面，高原地区的学生明显好于平原地区的学生。

体育运动可以改变一些先天遗传获得的体质特征和适应能力。经常参加长跑和游泳锻炼的人，心肺功能要好于同一地域内的同龄人；经常参加室外活动的人，对高温的忍耐力也好于同地域内的同龄人；经常参加体育运动的人，体质和运动能力都要好于不参加体育活动的人。这些能力的增强，反映出体育运动在后天改变了遗传所获得的生理适应能力。

二、体育意识与爱好

（一）体育意识的定义与特点

所谓体育意识，就是人脑特有的对体育和体育活动的态度控制系统。体育意识是相对稳定的，它主要由态度状态和体育素质构成。

态度状态包括人们对体育和体育活动的认识状态、情感状态和意志状态。其中，认识状态是体育意识的源泉和基础，没有对体育和体育活动的认识，就谈不上有体育意识；情感状态和意志状态对体育意识的发生和发展，有支配和调节作用。它们三者之间相互联系、相互作用，在认识到体育和体育活动的功能与效用的基础上，形成对体育和体育活动的积极体验，产生体育需要和体育行为倾向，从而构成统一的、完整的态度状态。

体育素质既包括人们关于体育和体育活动的认知及其水平（即了解和熟悉程度），也包括人们关于体育和体育活动方法与技能的熟练程度，以及对体育和体育活动的接受和吸收能力。体育素质不同，人们所反映出体育活动的广度和深度就会不同。体育素质高的人，其体育意识就可能较强；体育素质低的人，其体育意识就可能较弱。

（二）体育爱好是体育意识的延伸

体育爱好是从体育意识出发，通过参与体育锻炼，上升到体育习惯，最后成为爱好。

爱好是从事某种活动的倾向，首先来自个人的兴趣，当兴趣进一步发展成为从事某种活动的倾向时，就发展成为爱好。在体育运动中，良好的体育意识是体育爱好的前提。爱好和体育活动是紧密联系在一起的，有时人们只对某种事物感兴趣而没有从事相应体育活动的爱好。

提高对体育的兴趣是进一步将体育意识发展成体育爱好的必经之路。兴趣是在需要基础上发生和发展起来的积极探究某种事物的认识倾向。根据兴趣的倾向性可以把兴趣分为直接兴趣和间接兴趣。直接兴趣是由事物或活动本身引起的兴趣，间接兴趣是由活动的目的、任务或活动的结果所引起的兴趣。人总是对有兴趣的事物积极地探究，并带有情绪色彩和向往的心情。

有些人天生跑得快，有些人天生耐力好，于是在运动中获得不同的运动体验。这些体验如果是快乐的，将进一步增强他从事运动的信心，于是就成为特长，最后就将这项体育运动作为自己最喜欢的运动项目，于是产生了体育爱好。

当然，这种成功体验有时候是相对于别人而言，如自己的同学或者熟人、朋友。有时候是和自己比较，比如与自己接触的各个运动项目进行比较，从中找到相对容易的项目。不管出发点有多少不同，最后都必须在了解和接触相关体育活动的基础之上，才能有所选择。因此，经常积极地参加不同的体育活动，是形成体育爱好的前提。

三、体育常识与规则

体育常识和规则，就像一个人生活在社会中所必须具备与掌握的社会准则和法律规则。两者有重复的地方，也有许多不同的地方，却是体育素养形成的最起码的知识之一。

（一）体育常识的定义与内容

常识一般被认为是普通的知识，或者是众所周知的知识，一般的知识。常识一是指与生俱来、无须特别学习的判断能力，或是众人皆知、无须解释或加以论证的知识；另一个意思是指对一个理性的人来说是合理的知识，即"日常知识"。

体育常识作为体育素养的组成部分，它的养成是潜移默化的，通过对各种体育运动的接触和参与，通过对一项体育活动的喜爱和投入，可以获得体育规则、体育项目的历史、运动器械的材质和性能、偶像崇拜等诸多知识，这些知识成为欣赏和参与体育活动的基础，成为我们的体育常识。

（二）体育规则是对体育常识的归纳

按照社会学的定义，规则一般指由人群共同制定和公认或由代表人统一制定并通过的，由群体里的所有成员一起遵守的条例和章程。规则具有普遍性，但是在不同的时候有不同的适应性和差异性。

体育规则一定程度上是对体育常识的概括，它是一种行为准则，规定了体育运动参与者如何规范自己的行为、胜利的条件等。

四、个性与品德

在体育运动中，人的个性是必然存在的，因为这是每个人与生俱来的特点。

所谓个性，就是个别性、个人性，就是一个人在思想、性格、品质、意志、情感、态度等方面不同于其他人的特质。这些特质表现于外就是其言语方式、行为方式和情感方式等。任何人都是有个性的，但也只能是一种个性化的存在，个性化是人的存在方式。这一点在运动比赛中，更通过项目的不同和对手的不同表现得淋漓尽致。比如，射击运动员的沉稳、健美操运动员的激情，都是体育项目里面的个性化趋同，而同项目的运动员可能又有不同的个性。

品德即道德品质，又称品性、德性，它是一个人依据一定社会的道德原则和规范，在行动时所表现出来的某些稳定的心理特征和倾向。道德品质更多的是外在的行为规范，而个性是内在的品质，往往具有遗传性、先天性。两者的和谐将是成为一个具有良好体育素养的运动员，或者组成一支成功的运动队的重要内容。

大学生的基本品德要求如下。

（1）良好的言谈举止和文明礼貌。这是知识分子的修养和风度，是人际交往的前提，也是人与人、个人与社会之间得以和谐发展的基本要求。

（2）尊重他人、关心他人、富有同情心。待人处事要有风度，要严于律己、宽以待人，能与他人和睦相处。

（3）遵守社会公德和学生道德。

以上的每一条在体育运动中都适用，比如在赛场上有良好的风度，尊重对手，团结队友，有团队精神，这是所有的体育行为必须遵守的体育规则和体育道德规范。

在体育运动中，体育素养更多是在体育规则和常识中逐步养成的，体育运动有自己的道德和游戏规则。个性必须服从于规则，自我必须服从于团队和集体，否则将是对体育道德的违背，将失去被他人尊重的权利。

159

五、体育行为与技能

行为和技能是从属的关系，体育技能也从属于体育行为，但是后者所涉及的范围更小，也更具有专业性。

（一）体育行为的定义和内容

行为原本指生物适应环境变化的一种主要的手段，主要表现为生存行为，如取食、御敌、繁衍后代等，而研究生物行为的学科称之为行为生物学。人类进入社会化生活后，产生和分化为不同的行为，并产生不同的准则。体育规则分化出不同的体育行为，而体育行为经过提高和规范后，成为更为专门的体育技能。

体育行为是人类有目的、有意识地利用各种手段和方法，为满足某种体育需要而进行的活动。凡是与体育发生联系的行为活动，都可称之为体育行为。这些活动既包括体育行为的主要表现形式——运动行为，也包括体育的组织、管理、宣传、科研、教学、消费、观赏等方面的行为活动。体育行为的产生和发展，既受行为者内在生理、心理条件所制约，又受到包括自然环境、社会文化环境在内的外界环境的影响，表现出多方面的行为特征。

在学校体育中，体育行为主要体现为对体育课程的参与，对课外体育活动的参与，对体育文化的欣赏和追崇等。前者是上体育课、参加体育竞赛、坚持体育锻炼等，后者主要是对竞技体育明星的崇拜、观看比赛、了解体育的相关历史文化知识等。

（二）体育技能是对体育行为有目的的归纳和提高

体育技能是通过练习获得的能够完成一定任务的动作系统。技能按其熟练程度可分为初级技能和技巧性技能。初级技能只表示"会做"某件事，而未达到熟练的程度。初级技能如果经过有目的、有组织的反复练习，动作就会趋向自动化，而达到技巧性技能阶段。

尽管有体育行为，如果不好好锻炼、提高，还是无法达到更高的水平。技能形成过程中，各种技能动作之间会相互影响。已形成的技能若促进新技能的形成，叫技能正迁移，如已经掌握排球项目的同学再进行标枪或者羽毛球练习就会感觉很容易。

第二节　体育欣赏

体育欣赏的动机是对体育美的追求，体育美对于大学生参加体育的积极作用，既体现在审美的价值评价中，又体现在具体典型示范活动中。它在广泛的内容、多层次的形式方面，以获得自身的美感体验来激发人们参与锻炼和观赏比赛的兴趣。

一、体育欣赏与体育美学

体育欣赏就是对体育运动中美的一种体会。因为体育运动的特殊性，因此它具有与众不同的特质。这一欣赏过程就必须具备一定的体育美学知识。

体育美学是探讨人在体育领域内如何进行审美活动的一门新兴学科。体育是人类生活不可缺少的一部分，其中包含着丰富的审美因素，是认识人对现实的审美关系的一个特殊领域。美学能帮助人们认识体育，更好地理解、判断和洞察其实质，使之日臻完善和丰富。体育美学是美学的一个分支，也是体育学的一个分支。它既是现代体育科学的组成部分，也是把美学应用于社会实践的新领域。对体育实践来说，体育美学是理论性的人文学科；对美学而言，体育美学是一门应用性的分支学科。

二、体育欣赏与运动中的美学体验

体育欣赏的过程，就是对体育美的体会过程。美感是非常重要的，美感的形成需要许多相关知识，可以牵涉到一个人生活的方方面面。运动中美感的形成则需要对运动的各个环节都有所了解。

体育美的价值就在于它能满足人们对体育的审美需要。体育作为现代生活不可缺少的一部分，随着现代体育运动的发展，其价值已越来越显示出来。体育美的价值，对于竞技体育的作用，是既能实现自然美、社会美和艺术美的有机结合，又能使人们从中获得一种体育艺术的力量。

体育美的魅力使审美的主体（观众）在观赏体育表演或比赛中产生美感，从而引导人们积极开展体育运动，促使群众性的体育活动向新的阶段发展。在体育竞技比赛中，特别像花样滑冰、艺术体操、冰上芭蕾等项目，它们对美的融合力度就更大，其审美价值就更高。

体育欣赏有助于我们提高对体育运动的鉴赏水平，激发参与体育运动的热情。

（一）体育动作——身体美的欣赏

马克思曾指出："美是人的本质力量的对象化"。法国著名艺术大师罗丹说：

161

"自然界中没有任何东西比人体更美"。马雅可夫斯说："世界上没有任何一件衣衫比健康的皮肤和发达的肌肉更美。"这些观点精辟地指出人体与健康美的关系。体育运动是以人体美的运动形式来表现和创造美感的。

1. 思想与身体的结合是运动美的根本因素

运动美是体育运动的特征，美体现在动作的质量和表现力上。运动中的动作是有目的性的，而这些目的的完成，需要身体去执行。这个应激过程是生命的起码特征，而这一个过程的完成反映了一个生命的活力。

一个完美的动作无疑是很多因素的良好结合。动作完成的速度、幅度、角度和时空的变化，体现了技术的准确性和动作的质量。动作的姿态、节奏、韵律、轻柔、表现力等给人以美感，而技术的掌握和熟练运用，有赖于身体的运动能力和运动机能的适时状态。

2. 创造力的不同将欣赏其他人体动作与运动美区别开来

运动美是以人体及人的运动实践表现出自身的美，并通过动作来显示和创造美。在显示和创造美的过程中表现出人与自然界的抗争、人向自身阻力的挑战和人永远的进取精神。运动技巧体现美，是因为体育美的表现需要运动的技巧。任何一项身体运动，当身体最本质的特征得到充分体现时，才能显示其特殊的美。运动技巧的完善反映出运动的科学性，而科学的技术动作为表现运动美提供了光辉的前景。

体育运动的过程是一个运动者智力和身体之间对抗的过程，每一个回合都不可能完全相同，这需要运动者在技战术上有不同的选择，这个选择过程就是一个创造的过程。体育运动中不乏大师级或者天才型的选手，也不断有经典的比赛涌现，这都是因为创造力赋予了相同的运动以不同的过程。

3. 运动者的心理快感是运动美的重要立足点

体育运动是力量和技术的结合，这一点无论是徒手运动还是器械运动都可以体会到。奔跑中的急停急起，击球动作的挥洒自如，都表现了人体的运动之美。

当体育运动参与者在运动场上一展风采时，体育运动所带来的快乐就不仅是运动场上的畅快淋漓，还有对自己所掌握的运动技术的成就感。这种感觉正是形成对各项运动欣赏能力的基础。体育运动带给不同的人以不同的快乐，而这种快乐又会在今后的练习和比赛中不断增加。随着技术的精进和运动水平的提高，面对不同的对手时运用不同的技术组合，充分展现自己的运动能力和技战术水平，将目的与行为统一起来。

体育美借助于人体表现出来，它融意识美、形体美、动作美于一炉，这就是体育美的个性，也是它的特点。具体而言，体育美通过对人的形体塑造和美化人的动作来创造美。无论是健美的体型还是精湛的技术动作，无论是塑造美的形态还是创造美的效果，都同属一体。它们不仅仅是为了让他人能够感受和欣赏，更是为了使自己从中获得美的享受。这便是体育美学所体现的特殊规律之一。

4. 运动者的动作美是与身体美相应且进一步提升的美感

运动中的人体美是结合生命活力的人体美感。体会动作的美感是人们在观赏表演时的审美情感体验，它通过愉快、满足、赞赏、舒畅等心理反应，对选手的表演进行充分的肯定。在观赏一些体育比赛时，选手匀称、协调的体型，富有弹性的肌肉，肤色健康的皮肤，优美的击球姿态，给人们带来朝气蓬勃的青春美感。男选手挺拔、稳健的体型与女选手轻盈、苗条的体型成了鲜明的对比美，配以色彩、线条、造型、新异的服饰的烘托，构成了一个完整、鲜明的可感形象，使人迅速产生了直接的美感。

体育运动不会将身体的美感仅仅停留在静态的形象上，尽管我们希望无论男女运动员，都有匀称的身材和良好的力量。这反映的是一个非常健康和矫健的人类生命个体，是大家所共同期望的，可是很多足球、篮球运动员展现的是另外一种动作的美感，给人的是另外一种运动中的人体美感。比如，运动员在运动中体现的攻城拔寨、力挽狂澜的能力，使得运动的美感已经超越了脸谱化的遗传学的美的理解。

纵观纵横赛场的男女选手，因为项目的不同具有不同的体型，但是其中的优秀选手无一例外地证明了他们对从事的体育项目的适应性，无不证明自身的身体是出众技术的根本，这无疑是对相关动作美的最好诠释。

思 政 园 地

"怀抱梦想又脚踏实地，敢想敢为又善作善成，立志做有理想、敢担当、能吃苦、肯奋斗的新时代好青年。"这是党的二十大报告中的一句话。我国的竞技体育发展至今，离不开在赛场和训练场上挥洒汗水和青春的中国运动员。我们大学生在学习体育和欣赏体育比赛时也要学习这种刻苦的精神，要有战胜困难的力量，在各自的人生赛场上努力。

知识窗

展现身体之美的健美运动

早在古希腊时代，运动健将就用举重物来锻炼身体，并得到强壮健美的体型，这些健美的运动员，被雕塑家"记录"下来并留存至今。这是健美运动的早期萌芽。

19世纪晚期，德国人山道首创了通过各种姿态来展示人体美，这为现代健美运动的发展奠定了基础，所以他被公认为"国际健美运动的创始人"和"世界上第一位健美运动员"。

1904年1月16日，首届大规模的健美比赛在美国纽约的麦迪逊广场举行。获胜者是阿尔·特雷劳尔（Al Treloar），他因此而获得"全世界体型塑造最完美的男人"的头衔，并赢得1000美元奖金，这在当时是一个不菲的金额。两周以后，托马斯·爱迪生将阿尔·特雷劳尔的身体造型拍成了电影，在这之前的几年，爱迪生也曾为山道拍过两部电影，这是最早将健美运动拍成电影的记录。

之后是正规化和职业化的健美运动。比如健美先生，一般特指从事健美运动并取得相关健身比赛冠军的职业健美运动员，如人们熟知的阿诺德·施瓦辛格。

连续获得8届奥林匹亚健美先生大赛冠军的罗尼·库尔曼也许不是世界上肌肉最发达的人。若从肌肉的饱满度、清晰度以及身体的匀称度综合来衡量，库尔曼则独步江湖。

实际上，健美运动现在有两种发展趋势：一是健身健美，目的是练出匀称漂亮的身材，提高身体的健康水平；二是竞技健美，通过科学的训练、合理的营养和充分的恢复，最大限度地发达全身肌肉。

（二）体育服装和器材美的欣赏

体育服装和器材是体育发展最直接的物质承载者，它们的发展历史就是体育的发展历史。我们可以从体育服装和器材之上看到体育的运动之美。

1. 体育服装的选择成为体育文化中很重要的内容

对于奥运会开幕式，除了团体操和点火仪式所带来的震撼之外，观看各国运动员的服装也是欣赏奥运的重点之一。在 2020 年东京奥运会开幕式中，中国奥运代表团入场服装以"开门红"为主题。"开门红"出场服、冠军龙服、运动款凤凰旗袍，都既有中国风味又简洁大气，且各具特色。红色是中国国旗主色，也是中国传统礼仪最高等级的色彩之一。白色则代表光明、纯洁，在服装中起到调和作用，在开幕主场馆环境中显得更加明亮和跳跃。

2. 科技进步促进运动器材美

网球球拍经历了木拍、金属拍、碳素复合材料拍的变化之后，选手的力量、技术、战术完全与以往不同。今天的陶瓷钉跑鞋、纳米吸汗型运动服、低风阻碳纤维整体成型自行车等都显示了科技进步促进了运动器材的美感。

（三）体育中的礼仪——道德美欣赏

1. 体育礼仪与道德之美的实质是社会礼仪之美

礼仪是人类为维系社会正常生活而要求人们共同遵守的最起码的道德规范，它是人们在长期共同生活和相互交往中逐渐形成，并且以风俗、习惯和传统等方式固定下来的。礼仪是一个人的思想道德水平、文化修养、交际能力的外在表现；礼仪是一个国家社会文明程度、道德风尚和生活习惯的反映。重视开展礼仪教育已成为道德实践的一个重要内容。体育运动的礼仪不仅仅是软性要求，实际上在比赛中经常是规则的一部分，反映了体育是人在社交中的一种重要手段，展现了体育活动的礼仪之美。体育礼仪与道德之美实际上是社会礼仪的一部分。

2. 体育礼仪的基本要点

体育礼仪内容丰富多样，但它有基本的礼仪原则。

一是敬人的原则，也就是要尊重对手，在比赛中，对手的国籍、种族、信仰、文化、运动水平等都不能成为其被蔑视或者轻慢对手的原因。

二是自律的原则。在运动比赛中应遵守比赛规则。

三是适度的原则，适度得体，掌握分寸，在尊重别人的同时，也希望得到别人的尊重，在代表自己的运动队甚至国家时更是如此。

3. 体育礼仪更多表现为一种道德之美

将这些礼仪贯彻到比赛中，我们就会看到很多美好的场面。比如，开赛前，运动员集体入场举行仪式，向观众席行礼致意时，观众应以掌声回应。介绍教练员、运动员及裁判员时，观众要报以热烈的掌声。比赛进行时，观众要鼓励双方良好的体育道德行为，如队员因故受伤或者不能比赛时，要表现出对对手的人道主义关怀。在观看比赛时，观众不要站起来，如前排有人站起来，客气地提示对方，这样能降低周围的紧张气氛。比赛结束，运动员、观众都要相互表示感谢。

（四）体育中的个性——意志美的欣赏

1. 个性之下表现的意志美是人的生命力的体现

一般来说，个性不仅指一个人的外在表现，而且指一个人真实的自我。个性品质则更具体化，是指个人的情感、态度和价值观。个性品质在生物学、生理学上的要求是强健的体质、敏捷的速度和灵敏的反应、强大的抗挫折能力和承受力以及对各种环境的快速适应力。

体育运动不仅仅追求一种形体美、动作美，而且追求一种精神美。体育美学中的精神美，具体表现在培养人们一种宽广的胸怀，坚忍不拔的顽强意志，奋斗不息的拼搏精神，高尚的人格情操和团结协作的集体主义精神等。在运动场上曾出现过许多令人意气风发、斗志昂扬的事例，给人无限的回味，而创造这些不同经典的运动员显然是有不同个性的，比如顽强、坚韧、大度、机智等。

2. 意志是体育精神中最基本的要求

在体育运动中，意志力的坚定是个性中最具有普遍性的要求。

意志力是人格中的重要组成因素之一，对人的一生有着重大影响。早在2400多年前，孟子就说过："天将降大任于斯人也，必先苦其心志，劳其筋骨，饿其体肤，空乏其身，行拂乱其所为，所以动心忍性，曾益其所不能。"这段话生动地说明了意志力的重要性。要想实现自己的理想，达到自己的目的，需要具有火热的感情、坚强的意志、勇敢顽强的精神，克服前进道路上的一切困难。

（五）体育中的场地——建筑美的欣赏

1. 体育美很多时候来自场地和建筑本身

运动场是一块充满挑战和乐趣的宝地，或是蓝天白云、明媚的阳光，或是冰天雪地、刺骨寒风，或是碧海蓝天、波光粼粼。无论自然环境有多么不同，人类为之修建的各种体育场馆却总是最吸引人的眼球。涔涔的汗水、悦目的场地、文明的交往，运动为无数陌生的朋友搭起了一座座友谊的桥梁，而各类运动场地则愉快地充当着交流的使者。尽管竞技场总会有激烈的争斗与拼杀在此上演，但同时人们却也可以从中感受到另外一种安详与和谐，它们源于运动场地的建筑之美。

2. 体育场地的美感更多来自对体育项目的服务

在建筑形式的创造过程中，建筑师除了刻意地追求形式外，还不断地追求和发掘功能要素中所蕴含着的形式美感，充分发挥功能要素自身的形式潜力，寻求功能中的美感。这一点在体育建筑中有很直观的体现。体育建筑所追求的空间和使用效果，归根结底都是为了营造出模拟的自然环境，让人在其中从事和欣赏体育运动。比如平坦宽广的田径场，营垒分明的足球场，碧波荡漾的游泳池。在环境模拟的同时，还将人的社会性、艺术性的元素加进去。比如，看台本身就是为了方便非运动参与者观看比赛而设立，这个已经不是单纯的自然环境中所具有的。不同形式的体育建筑造型，反映了不同时代人类对建筑的审美观。这些不同点最后又很一致地成为体育记忆中不可或缺的一部分，成为体育场地建筑美的来源。

思考题

1. 简述体育意识的定义与特点。
2. 体育礼仪的基本要点有哪些？

参考文献

[1] 邹师. 体育理论教程[M]. 北京：现代出版社，2001.

[2] 萨克. 运动健康完全手册[M]. 长沙：湖南文艺出版社，2002.

[3] 左从现，张兆才，易勤. 高校体育教程[M]. 武汉：武汉大学出版社，2006.

[4] 邹建卫，刘涛，杜小安. 中国传统运动养生学[M]. 北京：北京体育大学出版社，2009.

[5] 田佳. 运动创伤学[M]. 北京：北京体育大学出版社，2008.

[6] 杨文轩，陈琦. 体育概论[M]. 2版. 北京：高等教育出版社，2013.

[7] 季浏. 体育与健康[M]. 上海：华东师范大学出版社，2001.

[8] 唐宏贵. 体育健身原理与方法[M]. 修订版. 武汉：湖北人民出版社，2006.